CIÊNCIA POLÍTICA

PRINCÍPIOS FUNDAMENTAIS DO ESTADO

JOSÉ DORIVAL DA VEIGA GUIMARÃES

Professor de Ciência Política, Sociologia do Direito e Teoria Geral do Estado, na Faculdade de Direito da Universidade de Guarulhos.

CIÊNCIA POLÍTICA

PRINCÍPIOS FUNDAMENTAIS DO ESTADO

EDIPRO

CIÊNCIA POLÍTICA
PRINCÍPIOS FUNDAMENTAIS DO ESTADO

JOSÉ DORIVAL DA VEIGA GUIMARÃES

1ª Edição 2000

Supervisão Editorial: *Jair Lot Vieira*
Editor: *Alexandre Rudyard Benevides*
Produção Gráfica e Capa: *Maria do Carmo Fortuna*
Editoração Eletrônica: *Daniella Yamauti*
Revisão: *Edson Bini e Ricardo Virando*
Notas Complementares: *Edson Bini*
Digitação: *Disquetes fornecidos pelo Autor*

Nº de Catálogo: 1276

Dados de Catalogação na Fonte (CIP) Internacional
(Câmara Brasileira do Livro, SP, Brasil)

Guimarães, José Dorival da Veiga
Ciência política - princípios fundamentais do Estado / José Dorival da Veiga Guimarães - Bauru, SP: EDIPRO, 2000.

ISBN 85-7283-273-4

1. Direito e política 2. Estado 3. Política - História 4. Política - Teoria I. Título.

99-5351 CDU-320

Índices para catálogo sistemático:
1. Ciência política : 320
2. História política : 320

EDIPRO - Edições Profissionais Ltda.
Rua Conde de São Joaquim, 332 - Liberdade
CEP 01320-010 - São Paulo - SP
Fone (011) 3107-4788 - FAX (011) 3107-0061
E-mail: edipro@uol.com.br

Sumário

CAPÍTULO IV

Para
minha querida Cida,
meus filhos Ana Flávia e Demetrius,
meus pais postiços Braga e Joanna,
por me darem uma maravilhosa família.

Eu os amo muitíssimo e para sempre.

CAPÍTULO I
DA SOCIEDADE

1. CONCEITOS DE SOCIEDADE

Sociedade é a união moral e permanente de homens que visam a um fim comum sob a direção de uma autoridade.[1]

A) União dos Homens

A tendência natural do homem é viver em sociedade. É uma causa comum, para comunicar suas idéias, seus sentimentos, pedir ou prestar auxílio aos seus semelhantes.

Portanto, a origem remota e principal do homem é a natureza social e a origem da sociedade humana é a vontade esclarecida pela inteligência.

B) União Moral e Permanente

Viver de acordo com sua inteligência e a sua vontade permanente porque existe a necessidade de uma duração de lon-

1. "A Sociedade é a união moral de muitos em busca do bem comum." (Alceu de Amoroso Lima).

go tempo, não se dissolvendo como uma multidão de um comício.

C) O Fim Comum

Esta união existe para alcançar um fim comum, com objetivos comuns para se conseguir um todo.

2. SOCIEDADES NATURAIS

As sociedades naturais se dividem em sociedades necessárias, que resultam de uma imposição da natureza, pois visam ao nascimento e aperfeiçoamento do ser humano.

São elas que dão satisfação fundamental à vida e derivam da própria natureza das coisas. Na concepção geral, as sociedades se dividem em perfeitas, imperfeitas, completas e incompletas. Duas são as perfeitas, a *Sociedade Sobrenatural* (*Igreja*) e a *Sociedade Civil* (*Estado*).[2]

A Sociedade Civil, por sua vez, se subdivide em três grandes classes:

a) Biológica;

b) Pedagógica;

c) Política.

2.1. Sociedade Biológica - A Família

A família é a mais fundamental de todas as sociedades. É chamada de *cellula mater* da vida social, eis que nela o homem surge e recebe a educação necessária ao transcurso de sua existência. A família é considerada a mais natural das sociedades naturais, porque a sua constituição e forma concreta são determinadas pela própria lei natural, fato que não ocorre nos

2. *Civitas est Communitas Perfecta* (São Tomás de Aquino).

outros tipos de sociedades. É nascida da sociedade conjugal, para conservação da espécie, instituição natural que precede o Estado e a própria sociedade, pois é uma "união de famílias".

2.2. Sociedade Pedagógica

Decorre do dever primordial da família na educação da prole. Implica a elaboração de mitos e conceitos estruturais (ritos de passagem) que colocam o homem diante de sua sociedade, criando dogmas e normas de conduta social. Está intimamente ligada à formação intelectual e moral do homem.

2.3. Sociedade Política

Existe pelas necessidades da natureza humana que levam o homem a viver em sociedade, são os imperativos da natureza social. A sociedade biológica e a sociedade política são fundamentais, a família, por ser anterior ao Estado, e o Estado por procurar eliminar as dificuldades que se apresentam nas necessárias relações das famílias que o compõem.

Em todas as outras sociedades o homem ingressa voluntariamente e delas se retira quando quer sem que ninguém possa obrigá-lo a nelas permanecerem, porém, na família ele forçosamente pertence até que sua tutela se liberte:

> *"Aos vinte e um anos completos acaba a menoridade, ficando habilitado o indivíduo para todos os atos da vida civil."* (art. 9º do Código Civil)

As Sociedades Políticas têm por objetivo criar condições de ordem, harmonia, prosperidade para aqueles que vivam dignamente, tendo então uma função que as outras sociedades não podem suprir, que é a função *jurídica* e *social*.

CAPÍTULO II

FUNÇÕES E FINALIDADES DAS SOCIEDADES POLÍTICAS

Através da ordem histórica e no tocante à atuação concreta, o município e a comunidade política constituída pela reunião de todas as famílias (*communitas vicinorum* - comunidade de vizinhos) e demais sociedades menores existentes dentro do território de uma cidade, têm como seu fim precípuo defender e incentivar os grupos sociais abrigados em seu seio, suprir-lhes as deficiências, regular-lhes as relações, provendo o bem geral e criando condições para o desenvolvimento multiforme (moral - intelectual - material) de seus integrantes.

Mas além de uma entidade que reúna e discipline os quadros sociais localizados em um território, é necessária uma outra de âmbito e poderes mais vastos, que congregue os municípios. É a província, impropriamente chamada de "Estado" pelas constituições republicanas do Brasil. Cabe à província regular as relações entre os municípios, estimular-lhes o processo e prover as necessidades comuns a vários municípios ou a toda a região que se enquadre no âmbito de ação.

Idêntico raciocínio nos leva ao mais vasto organismo político, a Sociedade Política por excelência - o Estado, cuja esfera de competência se estende por toda a nação. Daí a noção usual de que *o Estado é a sociedade politicamente organizada.*

1. A FUNÇÃO JURÍDICA DA SOCIEDADE POLÍTICA

O asseguramento da ordem, mediante a promulgação de normas de conduta social a que os homens como tais, e as sociedades menores, em que estão inseridos, devem submeter-se, inclusive compulsoriamente, e mediante a solução dos conflitos de interesses emergentes na vida social, através da distribuição da Justiça.

2. A FUNÇÃO SOCIAL DA SOCIEDADE POLÍTICA

Promoção e incentivo do bem-estar material, do aperfeiçoamento intelectual e moral do homem, para que tenha ele condições favoráveis à obtenção de seu fim único.

CAPÍTULO III

ESTADO E NAÇÃO

1. ORIGENS

Inúmeras teorias tentam explicar a origem do Estado, e por vezes se contradizem. Este assunto é difícil, tendo em vista a ausência de elementos seguros sobre a história.

A *Teoria da Origem Familiar* poderia ser *patriarcal*, onde o Estado se derivaria de um núcleo familiar, no qual a autoridade seria exercida pelo homem mais velho.[3]

A *Teoria de Origem Patriarcal* provavelmente teve sua origem no livro *A República*[4] de Platão: "*...um Estado nasce das necessidades dos homens; ninguém basta a si mesmo, mas todos nós precisamos de muitas coisas. E como temos muitas necessidades fazem-se mister numerosas pessoas para supri-las, cada um vai recorrendo à ajuda do outro para tal fim, e todos numa só habitação, o conjunto de habitantes recebe o nome de cidade ou Estado.*"

3. A figura do δεσποτηζ (*despotés*) na Grécia arcaica como senhor absoluto da οικια (*oikía*) e a do *pater familias* na Roma antiga no horizonte da tradição ocidental. (*N.R.*)

4. Série Clássicos Edipro, Bauru, SP, 1994, trad. de Albertino Pinheiro.

Teoria da Violência - Poder dos fortes sobre os fracos. A superioridade da força de um grupo social permite submeter um grupo mais fraco dando origem ao surgimento do Estado (dominantes e dominados). Entre os adeptos dessa teoria surge a afirmação de ter sido criado o Estado para regular as relações entre vencedores e vencidos e acrescentam que essa dominação teve por finalidade a exploração econômica do grupo vencido pelo vencedor.

2. A NAÇÃO

É um conjunto homogêneo de pessoas ligadas entre si por vínculos permanentes de sangue, idioma, religião, cultura e ideais. É essencialmente de ordem subjetiva, enquanto que o conceito de Estado é necessariamente objetivo, sendo uma entidade de direito natural e histórico. É anterior ao Estado. A distinção entre as duas realidades mais se evidencia quando se tem em vista que várias nações podem reunir-se em um só Estado, assim como, também, uma só nação pode dividir-se em vários Estados.

3. A PALAVRA "ESTADO"

De *Status*, particípio latino substantivado. Alguns sentidos da palavra *Estado*:

a) Estado de pessoa: estado civil (solteiro, casado, etc.).

b) Estado a significar categoria social, classe social.

No antigo regime: clero, nobreza e povo. Na França, os Estados-Gerais reuniam os representantes destas três ordens sociais.

c) Estado como sendo a unidade política do Estado federal, o Estado-Membro da Federação.

d) Estado como sendo personificação jurídica da nação.[5]

5. Assim como existem pessoas jurídicas de Direito Privado (Sociedades, Associações e Fundações), também existem pessoas jurídicas de Direito Público, como é o caso do *Estado*. Com este sentido a palavra Estado só começa a ser usada a partir da Renascença.

e) Fatores da formação nacional:

— *Naturais*: território, unidade étnica e idioma comum;

— *Históricos*: tradições, costumes, religião e leis;

— *Psicológicos*: aspirações comuns e consciência nacional.

CAPÍTULO IV
SOCIEDADES POLÍTICAS ATRAVÉS DA HISTÓRIA

A tribo é a primeira e mais simples das sociedades políticas. Sua característica são os vínculos de parentesco entre seus membros.

As famílias procedentes de um tronco ancestral comum, convivem em torno do mesmo chefe (sociedade do tipo patriarcal). Aos poucos este chefe vai deixando de exercer o poder de caráter familiar para exercer o poder político. E o *patriarca* é, a um tempo, sacerdote do culto, administrador dos bens comuns, chefe guerreiro e juiz.[6]

A aldeia surge da fixação da tribo à terra. Como diria Auguste Comte, que elaborou a lei dos três estados, a qual permite a fixação do estudo, para ele "cada manifestação do pensamento humano passa sucessivamente por três degraus teóricos diferentes, *O estado teológico ou fictício, o estado metafísico ou abstrato e o estado positivo ou científico.*

6. Consultar a respeito *A Cidade Antiga*, de Fustel de Coulanges, Série Clássicos Edipro, Bauru, SP, 1999.

Alguns historiadores valem-se desta colocação para propor o desenvolvimento das idéias sobre o Estado, através das diversas civilizações, apresentando a seguinte fórmula:

1. O Estado primitivo foi teocrático, explicado pelas teorias do Direito Divino Sobrenatural.

2. A seguir apareceu a noção metafísica do Estado, deslocando para a vontade do povo a origem do Poder Soberano.

3. Segue-se a noção positiva do Estado, segundo a qual, a soberania decorre das próprias circunstâncias objetivas, do império da lei, da concepção realista do Estado como "força a serviço do Direito".

A fórmula não é exata, pois nos tempos modernos, reapareceram as monarquias de direito divino, enquanto na antigüidade as concepções modernas de Estado já existiam nas teorias de Aristóteles (*A Política*)[7] e Cícero. Mas a maioria dos autores seguem essa classificação, porque supre reflexos aos traços característicos da organização estatal, enumerando-se da seguinte forma:

1. ESTADO ORIENTAL

Teocrático e politeísta, destacando-se, pelo seu feitio mais humano e mais racional o Estado de Israel (monoteísta) e o do Egito.

A *polis* ou a *civitas* não eram simplesmente a *urbs*, mas, também a área adjacente cultivada pelos lavradores.

No Império e no território de grande extensão ocupado por uma cidade ou por um povo dominante, como no Império Romano, existia o domínio da *civitas*, no Egito o domínio das dinastias (faraós), uma teocracia.

7. *A Política*, Série Clássicos Edipro, Bauru, SP, 1995, trad. de Nestor Silveira Chaves.

2. GRÉCIA E ROMA

2.1. Grécia

Caracterizou-se por uma nítida separação entre a religião e a política. Não havia igualdade civil nem liberdade civil, apenas algumas liberdades políticas nos Estados gregos, no período democrático. O Estado não reconhecia direito algum aos estrangeiros e escravos. Mesmo os cidadãos simples que não possuíam propriedade não tinham direito algum, apenas se diferenciando dos escravos por serem cidadãos gregos.

2.1.1. A Civilização Grega

A antiga Grécia fazia limites com a Ilíria e a Macedônia ao norte, a leste com o mar Egeu, a oeste com o mar Jônico, e ao sul com o mar Mediterrâneo. Tinha 77.000 km^2.

Suas montanhas, com o céu quase sempre azul e seu clima suave faziam da Grécia um dos mais maravilhosos países da mundo antigo.

Foi nesse pequeno país que a primeira civilização européia começou há mais de dois mil anos. Naquele tempo, a Grécia dominava grandes áreas das margens do Mediterrâneo e do mar Negro. Atualmente, a Grécia tem poder reduzido, sendo um dos países menos desenvolvidos da Europa.

Há milhares de anos, os gregos estabeleceram tradições de justiça e liberdade individual que são as bases da democracia. Sua arte, filosofia e ciência tornaram-se fundamentos do pensamento e da cultura ocidentais.

Os gregos da antigüidade chamavam a si próprios de *helenos* (todos que falavam grego, mesmo que não vivessem na Grécia), e davam o nome de Hélade a sua terra; os que não falavam grego eram chamados de bárbaros. Jamais chegaram a formar um governo nacional, porém estavam unidos pela mesma cultura, religião e língua.

2.1.2. As Classes Sociais

As classes da sociedade grega variavam de uma Cidade-Estado para outra. Atenas contava com três classes:

— *Cidadãos*, ou *eupátridas*: somente eles possuíam direitos políticos para participar da democracia. As mulheres e as crianças não faziam parte do grupo dos cidadãos;

— *Metecos*: eram os estrangeiros que habitavam Atenas. Não tinham direitos políticos e estavam proibidos de adquirir terras, mas podiam dedicar-se ao comércio e ao artesanato. Em geral, pagavam impostos para viver em Atenas e estavam obrigados à prestação do serviço militar;

— *Escravos*: formavam a grande maioria da população ateniense, pois para cada cidadão adulto chegou a existir cerca de 18 (dezoito) escravos. Os escravos eram considerados propriedades do seu senhor, embora houvessem leis que os protegiam contra excessos de maus tratos. Atenas era um Estado que garantia a democracia da minoria às custas da escravidão da maioria.

Os antigos gregos falaram vários dialetos diferentes durante centenas de anos.

Depois de 330 a.C., um dialeto comum chamado *coiné*[8] desenvolveu-se a partir do primitivo dialeto falado em Atenas. Vários invasores penetraram na Grécia Antiga, mudando a língua e os costumes gregos.

"Na Grécia, a pobreza é sempre uma hóspede" (Heródoto). O povo levava uma vida simples, começando pela moradia, que era de pedra ou de tijolos secos ao sol e cobertos com estuque. A maioria dos gregos fazia apenas duas refeições por dia.

---

8. κοινη (em comum, em público, no interesse comum) caracterizava e qualificava esse dialeto como *comum*. (*N.R.*)

2.1.3. Educação na Grécia

As meninas não recebiam qualquer educação formal, mas aprendiam os ofícios domésticos e os trabalhos manuais com as mães.

O principal objetivo da educação grega era preparar o menino para ser um bom cidadão. Os gregos antigos não contavam com uma educação técnica para preparar os estudantes para uma profissão ou negócio. Em Esparta a educação era organizada em modos militares e dava-se ênfase à educação física. Os meninos viviam em casernas dos 7 anos 30 anos e sua educação incluía intermináveis exercícios de ginástica e atletismo. Os professores surravam os alunos, às vezes, seriamente, a fim de reforçar a disciplina. Os espartanos alcançavam a maturidade em ótimas condições físicas, mas em geral eram ignorantes; somente alguns sabiam ler e escrever.[9]

A educação em Atenas contrastava acentuadamente com aquela que era adotada em Esparta. Eles acreditavam que sua Cidade-Estado tornar-se-ia a mais forte se cada menino desenvolvesse integralmente as suas melhores aptidões individuais. O governo não controlava os alunos e as escolas. Um garoto ateniense entrava na escola aos 6 anos e ficava confiado a um pedagogo. Ele estudava aritmética, literatura, música escrita e educação física; além disso decorava muitos poemas e aprendia a tomar parte nos cortejos públicos e religiosos. Os meninos tinham feriados apenas nos dias de festas religiosas. O governo recrutava para treinamento militar durante 24 meses todos os jovens quando atingiam a idade de 18 anos.

2.1.4. A História Grega

Como a superfície contínua da Grécia era bastante limitada, os gregos passaram a habitar também as ilhas próximas, bastante numerosas. A ilha de Eubéia ficava separada do conti-

9. Platão critica duramente esta forma parcial de educação, especialmente em *As Leis* (obra constante na Série Clássicos Edipro). (*N.R.*)

nente pelo estreito de Euripes. Ítaca, Cefanônia, Córcira e Zaquintos localizavam-se no mar Jônico. Ao sul do Peloponeso, ficava Cítara, que representava uma etapa para a ilha de Creta, a mais extensa de todas. As Cícladas (Andros, Delos, Paros, Naxos) localizavam-se no Egeu, bem como as Espóradas (Rodes, Samos, Quios, Lesbos). Essas ilhas constituíam a Grécia colonial, constituída por terras mais distantes: Ásia Menor (Eólia, Jônia, Dória); sul da Itália (Magna Grécia); e costa egípcia (Náucratis).

Desde o período neolítico que se tem notícia da presença do homem na Península Balcânica. Os *pelasgos* foram seus primeiros habitantes, possivelmente de origem mediterrânea. Os cretenses, porém, foram mais importantes como civilização, predominando em toda a região do Egeu. Tanto os pelasgos como os cretenses, geralmente são considerados povos anteriores aos gregos (povos pré-helênicos). A história egeana teve suas origens na ilha de Creta, irradiando-se daí para a Grécia continental e também para a Ásia Menor. Cerca de 1800 a.C., Cnossos e Faístos, na ilha de Creta, atingiram o seu apogeu. O palácio de Cnossos foi destruído entre cem e duzentos anos mais tarde. Formou-se uma nova dinastia, à qual se deve diversas transformações, inclusive o tipo de escrita. Os cretenses experimentaram outro período de apogeu, cerca de cinqüenta anos mais tarde, quando atingiram a Ásia Menor, reconstruindo Tróia, e a Grécia continental, construindo aí Tirinto e Micenas. Os chamados "povos do mar" surgiram pelos fins do século XV a.C., e por certo foram os predecessores dos povos gregos. Eram os *aqueus*, povos de origem indo-européia. Da miscigenação de cretenses e aqueus originou-se a civilização *miceniana* ou *micênica,* civilização essa cujo fim ocorreu em torno de 1200 a.C.

Duzentos anos mais tarde, os dórios, os jônicos e os eólios, outros povos helênicos, transferiram-se para a Grécia. Os invasores venceram os aqueus, e substituíram as cidades destes pelas suas. Tais cidades vieram a se transformar nas grandes representantes da Grécia Antiga: Atenas, Tebas, Esparta e outras.

2.1.5. As Colônias Gregas

As colônias foram o meio utilizado pelos gregos para disseminarem a sua religião e seus hábitos por toda a extensão do Mediterrâneo. A fundação de colônias gregas não era devida à iniciativa do Estado. Um grupo de indivíduos, obedecendo à chefia de um encarregado de levar o fogo sagrado, saía da mesma cidade à procura de um local onde pudesse se estabelecer e construir cidades independentes, ligadas apenas pela religião à cidade de origem. Essa modalidade de colônia é denominada *apoiquia*.

No século X a.C., os atenienses criaram um novo tipo de colônia, a *olerúquia*. Era obra do Estado, e os emigrantes conservavam os seus direitos de cidadania. Algumas colônias gregas: vilas na Sicília, sul da Itália, Turquia, terras no mar Negro, Índia, Portugal e Sudão.

2.1.6. A Evolução Grega

Em algumas cidades, a agricultura foi substituída por outras atividades econômicas, que atraíram elementos estrangeiros e provocaram o aumento do número de escravos. As classes que não participavam da política aumentaram, numericamente, enquanto se agrupavam na cidade propriamente dita. Com isso, tomaram consciência da força que possuíam e que até então haviam ignorado por causa de sua vida dispersa na lavoura.

O aparecimento da moeda foi outro fator da revolução da economia. Riquezas móveis se constituíram e houve descontentamento entre as classes sociais inferiores. As lutas políticas sucediam-se. Como solução, promulgaram-se leis para regulamentação das relações de classes.

Os excessos de luxo constituíram uma das preocupações de quase todos os legisladores. Conhecem-se leis de Pítacos, Sólon e Zaleucos relativas ao uso de jóias femininas e cortejos fúnebres.

Com a crise, o regime monárquico propiciou o surgimento da tirania, representada pelo menos por duzentos tiranos distribuídos ao longo da história grega, sendo que o período de maior concentração de tiranias em toda a Grécia foi de 550 a 510 a.C. Os tiranos gregos tinham como principal intuito serem aceitos pelo mundo como protetores da justiça e da religião e procuravam rodear-se de literatos e de artistas, que os transformavam em benfeitores, conseguindo-lhes com isso simpatia e prestígio.

2.1.7. Espartanos e Atenienses

Os atenienses constituíram a democracia padrão na Grécia clássica.

Os espartanos, como mantinham condições de vida semelhantes a de um exército recluso, sofreram poucas modificações políticas, permanecendo sempre com as características de um Estado aristocrático.[10]

Tanto Esparta como Atenas mantiveram constantes lutas pela hegemonia grega. Atenas teve o seu apogeu no transcorrer da época de Péricles, que se inicia em torno de 462 a.C. e finda em 429 a.C., com a morte de Péricles.

Péricles foi o principal representante do partido democrático, que subiu ao poder em 463 a.C.. Teve como principal objetivo de sua política a melhoria das condições de vida da população, transformando e melhorando também as características da política externa.

Quanto à cultura, procurou atrair os intelectuais de todas as localidades da Grécia, favorecendo-os e instalando-os em Atenas. Sua época foi marcada por nomes de grandes personali-

---

10. A maioria dos governos na história política de Esparta foram original e formalmente *monárquicos*. A rigor eram, *de direito*, *monarquias*, mas a presença dos poderosos *éforos* (os cinco magistrados eletivos que representavam a classe aristocrática e contrabalançavam a autoridade do rei) tornou os governos espartanos, *de fato*, *mistos* e inclassificáveis dentro da trilogia básica (monarquia/aristocracia/democracia). (*N.R.*)

dades: Fídias, arquiteto e escultor; Sófocles, autor de tragédias; Heródoto, grande historiador; Ésquilo, autor de tragédias; Sócrates, o pai da filosofia; Eurípedes, autor de tragédias; e Aristófanes, comediógrafo, entre outros.

No fim do governo de Péricles, eclodiu a luta entre Esparta e Atenas, que seria uma das mais longas e violentas guerras do mundo antigo, e que passou para a História como a guerra do Peloponeso.

Os constantes desentendimentos bélicos entre as cidades gregas somente conseguiram abalar a unidade do país, propiciando a Filipe da Macedônia que concretizasse a sua conquista.

Após haver logrado impor-se aos gregos, muitos acreditam que o rei macedônio estivesse cuidando dos preparativos para submeter os persas, o que não conseguiu levar a contento, pois foi assassinado por Pausânias em 336 a.C., deixando seu trono para seu filho, Alexandre.

2.1.8. As Conquistas de Alexandre

Contava, então, Alexandre, 20 anos, e era considerado um homem culto e admirador do helenismo, tendo sido discípulo de Aristóteles. Tratou de consolidar, na Grécia, a obra de Filipe. Invadiu Tebas e a destruiu. Venceu Atenas. Depois da vitória de Granico (em 334 a.C. contra os persas), submeteu a Ásia Menor, além de outras vitórias. Morreu em 323 a.C.

Depois de sua morte, desentendimentos e lutas entre os generais provocaram a divisão do Império em três grandes reinos: o do Egito, o da Síria e o da Macedônia.

Tempos depois, reinos menores originaram-se desses três grandes reinos: Epiro, Ponto, Bitínia, Galátia, Pérgamo, Capadócia, Pártia e Bactriana. Estes pequenos reinos constituíam os "Estados Helenísticos".

2.1.9. Período Helenístico

Também na religião o regime se impôs. Foi estabelecido o culto dos reis, transformando o rei quase em um deus.

A escultura helenística orientava-se no sentido de causar efeito, e se caracterizava pelas grandes proporções. Os principais centros de escultura foram Pérgamo e Rodes. O Colosso de Rodes era uma das setes maravilhas do mundo antigo. Na pintura, sobressaiu-se Apeles. Na poesia, notabilizaram-se Teócrito e Menandro. O historiador mais célebre foi Políbio. Na filosofia, aparecem Zenão (escola estóica), Pirro (escola cética), Diógenes (escola cínica) e Epicuro. Também viveram nessa época: Euclides, o pai da geometria e Arquimedes, o pai da física.

2.1.10. A Conquista Romana

Até então, Roma não demonstrara pretensões sobre as terras de além-Adriático. Mas o perigo representado pelos ilírios fez com que essa situação se transformasse.

Os piratas ilírios, fortalecendo-se muito, passaram a representar sério perigo aos romanos, e estes resolveram guerreá-los. Roma libertou várias cidades gregas, que deviam ficar sob seu protetorado. Filipe X, da Macedônia, concedeu asilo a Demétrios. Como Demétrios era inimigo de Roma, esta invadiu a Macedônia e, mais tarde, a Grécia.

2.1.11. Resumo da História Grega

— 3000-1100 a.C.: ascensão e queda da civilização minoana na ilha de Creta e da civilização micênica no continente grego.

— 776 a.C.: a primeira Olimpíada foi realizada.

— 700 a. C.: Homero compôs a *Ilíada* e a *Odisséia*.

— 490 a.C.: os gregos rechaçaram a primeira invasão persa na batalha de Maratona.

— 480 a.C.: os atenienses derrotaram a frota persa em Salamina.

— 461-431 a.C.: durante a Idade de Ouro de Atenas os gregos desenvolveram suas maiores artes.

— 431-404 a.C.: Esparta derrotou Atenas na Guerra do Peloponeso.

— 371 a.C.: Tebas derrotou Esparta na batalha de Leuctra.

— 362 a.C.: Tebas caiu após a batalha da Mantinéia.

— 338 a.C.: Filipe II venceu os gregos e anexou a Grécia ao Império macedônio.

— 334-328 a.C.: Alexandre, o Grande, conquistou o Império persa com um exército de gregos e macedônios.

— 323 a. C.: Alexandre, o Grande, morreu e teve início a era helenística.

— 197 a.C.: os romanos conquistaram a Macedônia e a Grécia pela primeira vez.

— 146 a. C.: a Grécia tornou-se província romana.[11]

2.2. Roma

Originou-se da cidade, a *civitas*. A Cidade-Estado é o embrião do futuro Império. O Estado romano teve sua origem na ampliação da família. Esta era constituída pelo *pater*, pelos escravos (*servus*) e mais os estranhos que se associavam ao grupo (*famulus*). A autoridade do *pater familias* era absoluta: pontífice, censor dos costumes, juiz, senhor, com poder de

11. Em 1456 (três anos depois da tomada do último bastião do Império romano - Constantinopla), os turcos conquistaram a Ática. Os gregos permaneceram sob o domínio turco até 1832, quando obtiveram sua independência após onze anos de luta e quatro séculos de dependência. (*N.R.*)

vida e morte sobre todos os componentes do grupo (*jus vitae et nacis*). Durante o período da República romana várias classes possuíam participação no governo.[12]

No Império "a lei é a vontade do Imperador: *quod principi placuit legis habet vigorem*".

Apenas em matéria religiosa o caminho abria-se para a liberdade individual. As perseguições aos cristãos findaram, prosseguindo somente no Oriente, decerto por serem eles regimes de tiranias e totalitários. Durante o fim do Império Romano do Ocidente, a fragmentação do poder determinará o desaparecimento da liberdade política e a criação de um novo modo de produção, o *feudalismo*.

2.2.1. A Civilização Romana

A civilização romana desenvolveu-se na Itália, sul da Europa. Sua sociedade tinha uma religião própria, cultivavam as Olimpíadas, além das artes, ciências, filosofia e direito. Roma, segundo uma lenda, foi fundada por Rômulo e Remo. Os irmãos foram abandonados dentro de um cesto jogado ao rio Tibre, o qual deteve-se junto ao monte Palatino, onde eles foram encontrados por uma estranha loba que os amamentou. Depois, diz a lenda que um pastor de nome Faustolo acolheu as crianças e cuidou de sua educação. Adultos, Rômulo e Remo tornaram-se reis, o que provocou uma disputa entre eles, mas Rômulo matou Remo, passando a reinar sozinho sobre a cidade, fundada em 753 a.C.

À parte a explicação lendária, as pesquisas históricas indicam que o nascimento de Roma está ligado aos povos italiotas. Mas foi só por volta do século VII a.C. que os etruscos consolidaram a fundação de Roma, ao se expandirem pela região do Lácio.[13]

---

12. Não esquecer que essa configuração de costumes que se institucionalizaram é originalmente grega e não romana. O *pater familias*, a despeito das peculiaridades da República romana, é o *despotés* da Hélade, bem como a classe *patrícia* (de *pater*) corresponde à classe dos *eupátridas* na Grécia. (*N.R.*)

13. Convém não esquecer, também, o mito de *Enéias* (herói troiano celebrado por Virgílio na *Eneida*) relacionado às origens de Roma. (*N.R.*)

2.2.2. Períodos Históricos

— *Monarquia* (753 - 509 a.C): este período tem como base as pesquisas arqueológicas e a interpretação de lendas e tradições. Durante a monarquia Roma foi uma pequena cidade que sofria a influência de estrusos e gregos.

— *República* (509 - 31 a.C.): período de quase cinco séculos, durante o qual Roma desenvolveu suas instituições sociais e econômicas e expandiu grandemente seu território. A civilização romana tornou-se uma das maiores civilizações do mundo antigo.[14]

— *Império* (27 a.C. - 476 d.C.): período de aproximadamente cinco séculos em que, depois de atingir sua fase de grande glória, Roma enfrentou inúmeros problemas internos e externos. A combinação desses problemas arrastou a civilização romana para a decadência.

2.2.3. As Leis

2.2.3.1. As Leis de Caio Graco

Caio Graco decidiu-se a obter, antes de tudo, o apoio do povo romano. Para isso, fez aprovar a "lei do pão". De acordo com essa lei, o povo recebeu pão dos armazéns do Estado a

---

14.É oportuno registrar que o regime imperial em Roma não sucedeu à República de modo imediato e pacífico, mas através de uma fase de transição (aproximadamente de 63 a 31 a.C.) marcada por grande instabilidade, guerra civil e encarniçada disputa do poder político pelos membros do primeiro triunvirato (César, Crasso e Pompeu) e do segundo (Otávio, Lépido e Marco Antônio). Após a morte de Crasso e Pompeu, César instalou-se como ditador em 44 a.C., mas foi logo assasinado no mesmo ano. Composto o segundo triunvirato, só restou Otávio (protegido de César), que foi efetivamente o primeiro imperador (*princeps*) de Roma ou o primeiro dos *césares* (homenagem a Júlio César, que fora, de fato, quem abrira o caminho para o Império). Trata-se de um período fundamental e decisivo da história de Roma, protagonizado, inclusive, por duas figuras exponenciais: o mais ousado político e mais valoroso general de Roma (Caio Júlio César) e o maior orador e jurista de Roma (Marco Túlio Cícero). É neste mesmo período que Cícero denuncia a Conspiração de Catilina. (*N.R.*)

preços rebaixados. Assim, Caio Graco conquistou a simpatia da população urbana pobre. Para ter também o apoio dos comerciantes, fez promulgar as "leis de justiça". Até então, em todos os processos de importância designava-se como juiz um senador. As leis de Caio Graco tiraram esse direito aos senadores e o concederam aos cavaleiros (comerciantes). Desse modo, os cavaleiros começaram a desempenhar um papel importante no Estado. Com o mesmo fim, foram tomadas outras medidas, tais como a entrega do arrecadamento dos impostos da Ásia Menor aos arrecadadores romanos.

Além disso, e no interesse do camponês mais pobre, foram criadas, na Itália, várias colônias e se pensou em estabelecer outras, fora da Itália, na África, no lugar da destruída Cartago. Também se restabeleceram as atividades da comissão de divisão de terras.

2.2.3.2. *As Leis Agrárias de Tibério Graco*

Eleito tribuno, Tibério Graco propôs à assembléia popular seu projeto de lei. De acordo com ele, os ocupantes de terras fiscais tinham o direito: o chefe da família a ocupar mais de 500 geiras de terra (uns 125 hectares) e não mais de 250 cada um dos filhos maiores. Ao resto dos membros da família estava proibido receber terras.

Os bens de uma família não podiam ser superiores a 100 geiras de terra fiscal. Tibério Graco propôs repartir a terra liberada em parcelas de 30 geiras cada uma, e dá-la em arrendamento aos cidadãos pobres. A terra arrendada podia ser herdada, porém sua venda estava vetada. O trabalho de divisão de terra aos cidadãos seria administrado por uma comissão especial de três pessoas eleitas pelo povo.

Em defesa dessa lei, Tibério Graco pronunciou na assembléia popular um magnífico discurso. "*As feras selvagens que rodam a Itália* – disse ele – *têm covas e cavernas onde dormir, enquanto os homens que vão à guerra e dão suas vidas pela Itália, só possuem ar e fogo. Não têm um lugar onde habitar permanentemente com suas mulheres e filhos e levam uma vida errante. Os soldados vão à guerra e morrem por luxos e riquezas alheios, chamam-nos os donos do mundo e ao mesmo tempo não possuem um torrão de terra própria."*

2.2.4. A Cultura Romana - A Fórmula "Pão e Circo"

Para manter sob controle a grande população de desocupados que vivia nas cidades, as autoridades romanas distribuíam alimentos periodicamente e promoviam inúmeros espetáculos públicos. "Pão e Circo" era a fórmula considerada infalível para manter a massa popular sob controle.

Com o objetivo de abrigar uma grande multidão, os romanos construíram o Coliseu, um anfiteatro para cerca de 80 mil espectadores. No Coliseu era realizado um dos espetáculos preferidos pelos romanos: *o combate entre gladiadores.*

Os gladiadores eram geralmente homens escravos, obrigados a lutar até o momento em que um deles tombava ao chão, morto ou ferido. Neste último caso, o gladiador vencido implorava pela vida. E a multidão, delirante, assumia o papel de juiz e decidia se o ferido merecia ou não continuar vivendo, de acordo com seu desempenho na luta. De modo geral, a multidão, apontando o polegar para baixo, exigia a morte do vencido.

2.2.5. A Religião

Os romanos, como a maioria dos povos antigos, eram politeístas. Eram originariamente um povo de pastores e camponeses e, portanto, voltados ao culto e adoração das forças da natureza. Entre as divindades ligadas à agricultura, estavam Saturno (protetor dos plantios), Flora (protetora das flores), Pamona (protetora dos frutos e colheitas) e Ceres (deusa da fecundidade dos campos). Dentro das casas, os romanos tinham um altar para o culto aos familiares e antepassados, chamados deuses lares.[15] Os cultos eram familiares ou públicos. O culto doméstico era celebrado pelo *pater familias* e o culto público pelo pontífice máximo, pelos sacerdotes e sacerdotisas. Em Roma, ficaram famosas as sacerdotisas chamadas *vestais*, virgens que dedicavam parte de sua vida ao culto da deusa Vesta, protetora de Roma.

Os romanos eram supersticiosos. Procuravam ver o futuro e o destino através da análise de vôo dos pássaros, de suas vísceras e das forças da natureza. O Estado dava grande importância aos deuses e atos religiosos, que recebiam proteção do próprio Senado.

No governo do imperador Augusto (Otávio, que deu a si mesmo este nome ao sagrar-se *princeps*), nasceu Jesus Cristo, que fundou o cristianismo, uma religião que em pouco tempo atraiu seguidores fervorosos. A nova religião trazia novos valores morais, como o amor e o respeito ao próximo de qualquer condição social, e prometia aos bons uma recompensa numa vida após a morte, pois a alma era imortal. Os imperadores viram o culto aos seus deuses enfraquecer e notaram na nova religião uma ameaça ao próprio Império (porque para os cristãos os deuses careciam de valor e o imperador era simplesmente um mortal, não uma pessoa divina).

Assim, desencadearam uma violenta perseguição aos cristãos, que preferiam morrer estraçalhados nos circos e arenas a renunciar a fé em Jesus Cristo. No Coliseu, enorme praça de espetáculos, os pagãos se divertiam lançando centenas de homens, mulheres e crianças às feras para serem devorados. Foi a chamada "época dos mártires", entre eles São Pedro e São Paulo, que foram crucificados.

Em contato com outras culturas, os romanos importaram vários deuses, principalmente da Grécia, que receberam nomes latinos.

---

15. Este altar, onde carvões eram continuamente reavivados pelo primogênito, era chamado na Grécia mais antiga principalmente de εστια; os romanos o chamavam de *vesta*, *focus* ou *ara*. Ver Fustel de Coulanges, *A Cidade Antiga*, especialmente o Livro Primeiro (Crenças Antigas), *in* Clássicos Edipro. (*N.R.*)

2.2.6. O Cristianismo

Jesus de Nazaré nasceu em Belém, perto de Jerusalém, na Galiléia, durante o reinado do Imperador Augusto. Jesus fundaria o cristianismo, uma religião destinada a marcar profundamente a história da civilização ocidental.

Ao completar trinta anos de idade, Jesus percorreu a Palestina, pregando ao povo a nova doutrina. Anunciou que ele era o Messias, enviado por Deus. E que Deus tinha amor reservado para todos os homens, incluindo os humildes, os simples e os desprezados. Dizia também que todos podiam ter acesso ao reino de Deus e obter a salvação eterna, por intermédio dele. Através da salvação, os homens teriam seus pecados perdoados, sendo recompensados, após a morte, com a glória de viver no Paraíso. Os pecadores descrentes e injustos seriam condenados por Deus ao castigo do Inferno.

Depois da morte de Jesus, sua doutrina foi, aos poucos, difundindo-se pelo Império romano através da pregação de seus discípulos. O cristianismo teve grande repercussão entre os pobres e os escravos.

Os imperadores romanos exerceram rigorosa perseguição aos cristãos. Neste período, os cristãos, quando aprisionados, eram comumente lançados numa arena, sendo obrigados a enfrentar, desarmados, leões e outras feras.

Apesar das perseguições, o cristianismo foi se desenvolvendo cada vez mais e conquistando novos adeptos. A religião cristã era vista pelas autoridades romanas como um mal contagioso que infestava as cidades e os campos. Com o tempo, a rigorosa perseguição aos cristãos tornou-se mais branda e tolerante.[16] No ano de 312, Constantino, imperador romano, converteu-se ao cristianismo, liberando seu culto a todos os romanos através do Edito de Milão.

---

16. É importante ressaltar a confluência filosófica e a identificação de valores éticos básicos existentes entre o cristianismo primitivo e o estoicismo romano (Epíteto, Sêneca e particularmente Marco Aurélio Antonino, que detendo o poder de imperador romano, muito contribuiu para essa tolerância e abrandamento). (*N.R.*)

2.2.7. Artes

2.2.7.1. A Arquitetura

A arquitetura foi uma das artes que mais se desenvolveu na sociedade romana. Roma produziu uma arquitetura grandiosa e imponente, porém de caráter funcional, isto é, voltada para as construções dos mais variados edifícios: palácios, templos, circos, teatros, basílicas, termas, aquedutos, anfiteatros como o Coliseu (que tinha uma arena no centro e alojamentos para os atores), grandes estádios, etc.

As colunas e os arcos das construções tornaram-se famosos pela sua beleza e seu aspecto monumental. Os romanos tornaram-se famosos também como grandes construtores de estradas, que foram traçadas nas mais diversas direções do Império. As estradas eram fundamentais para garantir a unidade do Império romano, pois permitiam a rápida locomoção do exército e o fácil intercâmbio econômico entre as cidades.

2.2.7.2. A Escultura

Na arte escultural romana, chamam especial atenção a feitura dos retratos (frente e busto) e também as estátuas eqüestres. A escultura romana tem a preocupação de recriar a realidade e não, como faziam os Gregos, fazer modelos.

2.2.7.3. A Literatura

Na poesia distinguiram-se os poetas Virgílio (autor da *Eneida*, que narra a vinda de Enéias de Tróia para a Itália), Ovídio (autor da *Arte de Amar* e de *Metamorfoses*) e Horácio (autor de *Odes*). Entre os historiadores destacaram-se Júlio César (autor de *A Guerra da Gália*), Tito Lívio (autor de *História de Roma*, em 142 livros), Suetônio (autor de *Vida dos Doze Césares*) e Tácito (autor de *Histórias e Anais*).

2.2.8. O Direito

O mais importante legado que os romanos deixaram para a humanidade foram suas conquistas no campo do Direito. No Direito Romano encontram-se as raízes do direito e da legislação dos países modernos. Assim como os gregos deixaram ao mundo a filosofia e a arte de organizar o pensamento, ou seja, a lógica, os romanos deixaram para a humanidade a ciência do Direito. O Direito é fundamental para garantir a ordem, o relacionamento social, a liberdade e os bens.

2.2.9. Ciência e Filosofia

A ciência e a filosofia romanas não alcançaram grande originalidade. De modo geral, os romanos procuraram aproveitar e desenvolver a ciência e a filosofia herdadas dos gregos. Com seu espírito prático, souberam aplicar os conhecimentos científicos e filosóficos aos diversos campos da vida social. Exemplos: Cícero foi cônsul, orador e jurista extremamente atuante; Sêneca foi preceptor e ministro de Nero; Marco Aurélio foi imperador.

3. FEUDALISMO[17]

Durante o *feudalismo* (476-1492), no período histórico também chamado de Idade Média, o senhor feudal assume um poder ilimitado diante do imperador. Os escravos de então tornam-se servos e a liberdade civil desaparece, pois a vontade do servo é a vontade do senhor feudal.

No Estado feudal, que surge logo após a queda do Império Romano do Ocidente, provocada pela convulsão decorrente das invasões bárbaras, surge uma nova sociedade e uma nova ordem política.

---

17. *Feudom Cognatus fides* ou *"fee"* = salário com *"od"* = propriedade ou laço, ambas palavras de origem germânica (Heers, Jacques, *História Medieval*, Difel, SP, 1974).

3.1. Origem e Características do Feudalismo

Os reis bárbaros recompensam os guerreiros mais ilustres concedendo-lhes grandes extensões de terras. Tais benefícios, eram chamados de *feudos*, inicialmente vitalícios, depois hereditários.

Denominava-se "suserano" aquele quem doava a terra e "vassalo" quem a recebia.

a) Obrigações do vassalo: a homenagem e juramento de fidelidade ao suserano, ajuda militar, etc.

b) Obrigação do suserano: proteção do vassalo em quaisquer circunstâncias.

No regime feudal, a soberania aparece vinculada à propriedade. Estabelece-se uma equivalência entre soberania (poder de direito público) e o domínio (poder de direito privado).

Eram direitos políticos dos senhores feudais (titulares do Estado feudal): declarar guerra, cunhar moedas, perceber impostos, distribuir justiça, etc.

O Estado *Nacional* só vai nascer quando surgirem condições para um só monarca se firmar em sua superioridade, centralizando o poder. Porém, isto somente irá ocorrer após o aparecimento do *capitalismo*, com os princípios das cidades e a evolução do comércio.[18]

4. A DESAGREGAÇÃO DO FEUDALISMO A CRISE DO SÉCULO XIV

A crise do século XIV é, antes de mais nada, a crise do mundo feudal, que abre perspectivas para que a Europa passe a viver o que a historiografia convencionou chamar "Idade Moderna".

---

18. Convém assinalar, contudo, que Luís XIV, que morreu em 1715, já centralizara o poder em França (*L'État c'est moi!*) numa monarquia absolutista. (*N.R.*)

Deve ser ressaltado que a referida crise é geral, abrangendo uma série de pontos que desarticulam completamente, tanto do ponto de vista econômico como político, social e cultural, o mundo erigido após a desarticulação do Império Romano Ocidental.

4.1. Fator da Crise

O renascimento comercial e urbano, que tem fortes vinculações com a realização das Cruzadas a partir do século XI, quando a Europa passa a ter contato com as especiarias do Oriente.

4.2. O Surgimento de uma Burguesia Mercantil

A chamada "Fome Monetária", devido à ausência de metais preciosos na Europa que pudessem ser utilizados como moeda de troca num contexto de retomada sistemática de relações comerciais. Crise demográfica, motivada por fome (alterações do quadro natural gerando péssimas safras), guerras e pestes. Revoltas camponesas e urbanas. Falência de nobres. Progressivo fortalecimento do poder monárquico. Crise da Igreja Católica, um dos pilares ideológicos do mundo feudal.

A crise, resumidamente exposta em seus aspectos mais gerais acima, representou a decadência do mundo feudal, a partir do enfraquecimento das bases sobre as quais se sustentava. De forma ampla e geral, podemos dizer que o *feudalismo* começa a se formar a partir do século III com o fim do Império Romano do Ocidente e o progressivo processo de ruralização que atinge a Europa, invadida sistematicamente por germânicos, eslavos e muçulmanos.

Com o fim das invasões (século IX), assistimos a um crescimento das forças produtivas e o período de apogeu do mundo feudal, até a crise que lhe acomete no século XIV.

4.3. Características do Feudalismo

Sobre o feudalismo podemos destacar:

a) a unidade produtora básica é o feudo;

b) a exploração da terra é realizada através do trabalho servil;

c) as relações são de dependência (senhor/vassalo/servo);

d) a economia é predominantemente natural (agrícola com base na troca);

e) o feudo produz em larga medida para sua auto-suficiência, não havendo significativa produção de excedentes;

f) verifica-se uma descentralização política, administrativa e jurídica;

g) o camponês é preso a terra, devendo ao senhor feudal sua segurança.

Cabe, por fim, lembrar que a historiografia sobre o período em questão vem desmistificando a visão do mundo feudal como um mundo de trevas, visão construída pelo Renascimento, e recuperando a dinâmica própria do período a partir da valorização, por exemplo, da filosofia medieval, da música, da literatura, da arquitetura do período, erigindo critérios para sua análise que ultrapassem o mero julgamento subjetivo baseado em juízos de valor.

4.4. Tentativas para Solucionar a Crise do Feudalismo

— Diante da crise agrária fazia-se necessária a conquista de novas áreas produtoras.

— Diante da crise demográfica fazia-se necessário o domínio sobre populações não européias.

— Diante da crise monetária fazia-se necessária a descoberta de novas fontes de minérios.

— Diante da crise social fazia-se necessário um monarca forte, controlador das tensões e das lutas sociais.

— Diante da crise clerical fazia-se necessária uma nova Igreja.

— Diante da crise espiritual fazia-se necessária uma nova visão de Deus e dos homens.

Nestes novos tempos que iniciavam, a descentralização política, jurídica e administrativa feudal desarticulou-se.

5. FORMAÇÃO DOS ESTADOS NACIONAIS

O *Estado Moderno Absolutista* é resultado de séculos de formações e lutas, no final da Idade Média, levadas a cabo contra as tendências localistas dos senhores feudais e das comunas urbanas.

Define-se como monárquico-absolutista, já que o poder concentra-se nas mãos de um Rei ou um Príncipe, que é, de fato e de direito, seu soberano. Tal Estado pressupõe, simultaneamente, a existência de um aparelho burocrático e militar. Por ser um Estado de um período de transição, é natural que a prática do Estado Absolutista se apresente variada, com mudanças complexas e, até mesmo, contraditórias. Dependendo do aspecto que o historiador privilegie em sua análise, o Estado Moderno tanto pode ser definido como feudal ou como capitalista.

Na verdade, a historiografia mais recente tende a considerar que o Estado Moderno é tipicamente um estado de transição, que, se apóia o capital comercial, não se opõe necessariamente à defesa e manutenção dos interesses senhoriais da aristocracia dominante. Para poder compensar o declínio da renda feudal, o Estado Absolutista necessita cada vez mais aumentar seus próprios rendimentos, o que só é possível com a proteção e o estímulo às atividades produtivas em geral.

O Estado Absolutista tende, então, a expressar a busca de um equilíbrio precário, a longo prazo impossível, entre classes e frações de classes cujos interesses são em parte complementares e em parte antagônicos.

5.1. Os Teóricos do Absolutismo

Com a formação dos Estados nacionais e a concentração de poderes nas mãos dos soberanos, surgem também os teóricos que passam a justificar este tipo de organização do poder político.

5.2. O Direito Divino dos Reis

A teoria do direito divino defende que o poder do soberano emana de Deus, e, como tal, deve ser preservado e fortalecido. Dentre os principais teóricos temos:

— *Le Bret* - Organiza seu raciocínio a partir da premissa que o Rei recebe seu poder de Deus, devendo, por isso mesmo, ser obedecido ainda quando aparentemente injusto.

— *Jean Bodin* - Centra sua análise na premissa de que, se o poder do Rei emana de Deus, não deve ser limitado por lei.

— *Bossuet* - Defende a tese de que, se o poder real é emanação da vontade divina, revoltar-se contra o monarca é um sacrilégio.

5.3. Os Leigos

Por *teóricos leigos* designamos aqueles que defendem o absolutismo por motivos vários e de ordem não religiosa.

— *Maquiavel* - Preocupa-se em *O Príncipe*[19] a propor o absolutismo como fundamental para a unificação da Itália. A partir da premissa de que "os fins justificam os meios", se dedica a argumentar sobre as medidas que um soberano absoluto deve tomar para governar sem riscos ou contestações.

— *Thomas Hobbes* - O teórico inglês, autor de *O Leviatã*, argumenta que o estado da natureza do homem é um estado de confronto típico ("O homem é o lobo do homem"). A única maneira de evitar tal situação é a partir da concentração de poderes no Estado. Logo, o governado deve, em nome do bom senso, abrir mão de sua liberdade em nome da liberdade maior do soberano todo poderoso e controlador.

O Absolutismo encontrará seu limite nas próprias instituições tradicionais existentes no Estado, seja no poder religioso,

19. *O Príncipe*, Série Clássicos Edipro, Bauru, SP, 2ª ed., 1999, e *Escritos Políticos*, Série Clássicos Edipro, Bauru, SP, 1995, ambos trad. de Lívio Xavier.

seja no Parlamento (Inglaterra), ou mesmo na força das raízes feudais (Espanha e Portugal).

5.4. O Estado Absoluto

Consiste a fonte principal do presente texto a observação histórica da evolução da humanidade. Sabe-se que, a cada nova fase desse processo evolutivo, são de alto significado as mudanças que se dão à concepção de Estado e, conseqüentemente, ao reconhecimento de suas funções.

Não é irrelevante tentar simplificar, em breves considerações, a sabedoria da doutrina humana, acerca das concepções de Estado, em Estado liberal ou absenteísta e Estado social ou intervencionista, tendo como base a seqüência de experiências que a ponderação histórica é capaz de fornecer.

Além disso, convém advertir que a classificação dos Estados no mínimo, por conseguinte, liberal, ou em intervencionista, social, pode assumir diferentes graus, dependendo das normas de organização política de cada nação.

A partir dessas primeiras idéias, cumpre asseverar que, independente da condição do Estado, intervencionista ou absenteísta, há funções que o mesmo mantém como condição de sua própria permanência. Tais funções são facilmente identificadas a partir do instante em que se pode distinguir, no Estado, poderes bem diferenciados e que, contudo, administram suas competências em benefício da persistência da unidade do mesmo, configurando o reflexo de uma sociedade ativa organizada.

Dentre os deveres ou as funções do Estado, destaca-se a relativa à segurança, administrada por órgão competente para a interpretação das normas jurídicas e aplicação da lei à realidade fática, em busca do justo e da eqüidade, atividade que fica sob a custódia do poder judiciário.

Desse modo, resta observar, por fim, que, depois da antigüidade, até a primeira Revolução Industrial, o mundo conheceu apenas o Estado absoluto.

6. DA IDADE MÉDIA À IDADE MODERNA

6.1. O Estado Absoluto

É sabido que, na Idade Média, o Estado Absoluto desconhecia conceitos tais como o de Direitos Fundamentais, concepção que dá seguimento, ou que tem como inerente à sua admissão o reconhecimento das funções sociais do Estado.

Os direitos fundamentais do homem, longe de nascerem de uma concessão da sociedade política, são direitos que se erguem diante do poder estatal, limitando a ação do Estado, um instrumento a serviço da coletividade que declara, garante e respeita estes valores consagrados universalmente. Significando o resultado da luta dos homens por um direito ideal, justo, igualitário e humano, foram e vão sendo descobertos, aperfeiçoados e estendidos ao longo do tempo pela própria experiência humana, conferindo-lhes convicção e transformando-os em uma ordem moral de vida.

Contudo, é preciso não esquecer que a consciência universal que se tem no presente de tais direitos só prosperou realmente nos tempos modernos.

Na Idade Média, embora se possa pensar que o homem medieval não tenha gozado de direitos fundamentais, o que ocorreu foi a fruição dos direitos estamentais. Estes direitos estruturavam a sociedade em uma ordem hierárquica que conferia aos homens um *status* desigual e condicionava-os a uma discriminação que os diferenciava pelo nascimento. A hereditariedade determinava o patrimônio jurídico de cada um e, portanto, a situação jurídica de cada homem na sociedade (as duas camadas sociais básicas do período medieval eram os senhores feudais e os servos), permitindo o sistema servil da produção, a principal característica da economia, que consistia na apropriação compulsória do excedente econômico dos servos pelos senhores feudais.

Também é do conhecimento de todos que, durante esse período, o Estado era a voz do próprio governante, a personagem que legislava e ajuizava.

Entretanto, os homens dessa época não desconheciam que, além e acima de seu *status* social e político, faziam parte de uma ordem ético-natural, cujos princípios básicos tornava-os iguais entre si. Segundo os ensinamentos predominantes da doutrina cristã, a pessoa humana era feita à imagem e semelhança de Deus, o que justificaria o fim da estrutura social segmentada pela servidão.

O crescimento da economia de mercado, e do capitalismo comercial e da circulação de produtos por toda a Europa, oferecendo uma nova orientação econômica, acaba desintegrando o feudalismo (durante o período feudal a produção esteve essencialmente limitada à lavoura e criação de animais para a subsistência). E, gradualmente, pondo fim ao Absolutismo e reestruturando a política, forma-se um novo sistema sócio-econômico que forneceu as condições necessárias para a emergência de uma nova camada social: a *burguesia*.

E, devido às pretensões da nova classe que surgira, ao longo dos séculos XVII e XVIII, na Europa, o tema liberdade foi associado ao problema dos direitos civis e políticos em geral. Esta nova dimensão que os direitos assumiram a partir das mudanças políticas e econômicas passou a merecer forte reivindicação com a ascensão da burguesia, cuja reclamação pretendia a igualdade perante a lei. As concepções liberais e individualistas da burguesia requeriam, em síntese, o reconhecimento dos direitos fundamentais, especialmente os direitos de liberdade e de propriedade.

Entretanto, no campo jurídico e constitucional, convém dizer que a Inglaterra foi o país que assumiu a vanguarda, exercendo grande influência na história universal. Como exemplos de sua evolução jurídica, conferindo-lhes *status* de matéria constitucional, vale citar: a *Petition of Right*, que surgiu para a proteção dos direitos pessoais e patrimoniais, de 1628; a *Acta de Habeas Corpus*, de 1679, que proibiu a detenção das pessoas na falta de um mandamento judicial; e, em 1689, a *Declaration of Rights*, que realizou a confirmação de muitos direitos que já estavam consagrados em textos legais anteriores.

Seguindo a esteira desses documentos indicados, em 12 de junho de 1776, surge a Declaração de Direitos da Virgínia, o *Bill of Rights* redigido por George Mason, especificando os direitos do homem e do cidadão. Também como resultado da Revolução Americana, é importante citar a Declaração de Independência de 4 de julho daquele mesmo ano, que considerou certos direitos inalienáveis e destacou expressamente os direitos relativos à vida, à liberdade e à busca da felicidade.

E, em 26 de agosto de 1789, significando a maior conquista do liberalismo até então na Europa, dá-se a Declaração Francesa dos Direitos do Homem e do Cidadão. Os princípios formalizados na Declaração de 1789 acabaram exercendo preponderância em todos os países europeus e significaram o começo do progresso em matéria de direitos e liberdades do homem. O segundo artigo daquele documento determinava que "...o fim de toda associação política é a conservação dos direitos naturais e imprescritíveis do homem".

Estes direitos são a liberdade, a propriedade, a segurança e a resistência à opressão. Daí que, as preocupações mais importantes dessa fase da história da humanidade, sob os aspectos filosófico e jurídico, consistiram no estabelecimento dos direitos de propriedade, liberdade e igualdade como direitos naturais da pessoa humana e na supressão definitiva das restrições ao exercício da liberdade.

Essas idéias, de um modo geral, foram predominantes nas Constituições do século XVIII, e também nas do século XIX, as quais normalmente limitaram-se à organização política do Estado, dando ênfase ao liberalismo e individualismo, princípios que repugnavam todo o tipo de intervenção na vida econômica e social

6.2. O Estado Moderno

A luta entre o poder temporal e o poder espiritual na Idade Média acompanhou o aparecimento e a consolidação de novos Estados e fez cessar o estabelecimento das monarquias absolutas. As deficiências das sociedades políticas medievais determinaram todas as características do Estado Moderno. A aspiração à antiga unidade do Estado Romano, jamais conseguida pelo Estado Medieval, iria crescer de intensidade, em conseqüência da nova distribuição de terras. Isto foi despertando a consciência para a busca da unidade, que se concretizaria com a afirmação de um poder soberano, no sentido de ser supremo, reconhecido como mais alto de todos dentro de uma delimitação territorial. Era este então o Estado Moderno.

Enumeramos a seguir alguns fatos situados historicamente, como elementos fundamentais para a compreensão do surgimento da *modernidade* e dos fenômenos sociais que mudaram a história do mundo ocidental. O entendimento prévio destes acontecimentos é necessário para a explicitação dos fatores teóricos que fazem surgir as transformações pedagógicas na história da educação.

Iniciamos tentando entender o absolutismo, como um ponto de partida desta reflexão.

O Estado Absolutista tinha como forma de governo a monarquia absoluta, ou seja, a concentração total de poderes na mão do rei. O absolutismo veio depois da formação das monarquias nacionais e foi fundamental para seu sucesso o apoio e a participação da burguesia, contribuindo, assim, para o desenvolvimento do capitalismo. Porém, era contraditório: de um lado, era dinâmico, estimulava negócios e a ampliação de mercados; de outro, era parasitário e aristocrático, pois ostentava sua burocracia e sustentava seus privilégios; a própria burguesia, a base para seu sucesso, por fim acabou derrubando o absolutismo, que possuía um caráter feudal, com sociedade estamental e administração nobre. A noção de individualismo já se colocava, mas os indivíduos eram considerados súditos do rei, e não cidadãos, cabendo-lhes apenas a obediência.

O Estado Absolutista foi substituído pelo Estado liberal burguês, onde o poder é legitimado a partir da doutrina da origem da vontade popular, não mais pelo Direito Divino. Aqueles que dirigem o Estado são representantes da sociedade, e os indivíduos são tratados como cidadãos, com direito a voto, escolhendo seus representantes.

O absolutismo na Inglaterra foi atípico. Na Idade Média, a burguesia e a nobreza inglesas criaram dois elementos de limitação do poder real: o Parlamento e a Carta Magna. Esta visava impedir a concentração total do poder executivo nas mãos do rei, obrigando-o a consultar sempre o Parlamento, cuja função era representar a sociedade no poder, criando leis para beneficiar o povo e atender às suas necessidades; nesta época, o Parlamento ficou subordinado à vontade do rei, que impôs de forma absoluta seu poder. Para isso concorreu a criação da Igreja Anglicana (o calvinismo), que proporcionou um enriquecimento do rei e seu prestígio em relação à sociedade. O Rei (Henrique VIII) manteve a supremacia até sua morte, quando o Parlamento voltou a tomar força.

A tomada de consciência da sociedade levou-a a criticar o absolutismo, pela ausência de direitos, falta de liberdade e poder. O absolutismo começou a defender-se, dizendo possuir justificativas, cuja expressão teórica são as teorias do Contrato Social e do Direito Divino. O Contrato Social defende, segundo Thomas Hobbes (1588-1679), um Estado Absoluto, pois o homem havia perdido seus direitos naturais e entrado em *estado de guerra.* Isto o levava a procurar a proteção de um soberano, abdicando de parte de seus direitos, recebendo em troca segurança e direito à propriedade. Já a teoria do Direito Divino afirmava que o rei era um escolhido de Deus, era a imagem deste ser na Terra. Assim, o poder do rei era divino, sagrado, não podia ser contestado, porque contestá-lo era o mesmo que contestar a Deus. A sociedade ficava subordinada. Não existia qualquer forma de cidadania; esta, até então, era inexistente.

O parlamento inglês era formado pelos burgueses admitidos no Grande Conselho. A partir daí, a Inglaterra tornou-se o primeiro país europeu a possuir um parlamento que limitava a autoridade dos reis. No entanto, o poder dos monarcas ingleses cresceu a partir do século XIV, tornando-se absoluto com Henrique VIII, que realizou a reforma, confiscou os bens da Igreja Católica e criou a Igreja Anglicana. Henrique VIII exerceu um "absolutismo disfarçado", pois não deixou de convocar, periodicamente, o Parlamento para aprovar mudanças nas leis e impostos. Com isso o respeito ao parlamento era aparentemente mantido, embora fosse controlado pelo rei, abafando-se qualquer tentativa de oposição.

Nos séculos XV e XVI (o pré-renascimento), surgiu na Europa Ocidental uma nova realidade: o início do *mercantilismo*, que gerou a idéia de lucro, e a ascensão de uma nova classe social — a burguesia. Há simultaneamente o surgimento de um *novo homem,* que não se adapta ao ambiente feudal; ele precisa de um Estado Absolutista que dará ordem à desordem política. Mais tarde, tanto o mercantilismo quanto o absolutismo vão ser criticados por esse novo homem, e principalmente pela burguesia, pois ela agora não mais necessita da proteção real, desejando o poder político, social e o liberalismo econômico.

Iniciam-se no *Humanismo* tradicional as primeiras idéias de cidadania que têm por fundamento liberdade e igualdade, levando ao confronto com a escravidão, muito usada como mão-de-obra nas colônias desses Estados Absolutistas. Surgem movimentos anti-escravistas.

O Estado Absolutista tem como característica geral a centralização e unificação administrativa, com a eliminação da autonomia dos poderes locais e das cidades. Podemos notar também a formação de um grupo de pessoas especializadas nos negócios administrativos, a chamada "burocracia", além da formação de um exército, em geral mercenário. Outra característica é a arrecadação de impostos "reais", necessários para custear as despesas com o exército e a burocracia. Além disso, é importante ressaltar a unificação monetária e a do sistema de pesos e medidas, bem como a imposição da justiça real, sobreposta à justiça senhorial.

Quanto à sociedade absolutista, ainda prevalecem os valores de linhagem familiar. Durante todo o período de transição, mesmo com o desenvolvimento mercantil e manufatureiro, as relações sociais permanecem essencialmente feudais (sociedade estamental).

Finalmente, à guisa de conclusão, podemos colocar a questão de ser o Estado Absolutista contraditório. Ele apresenta um caráter moderno, ao permitir o desenvolvimento do capitalismo, estimulando novos negócios e a ampliação de mercados, mas também guarda resquícios de um caráter feudal, parcialmente transformado, já que na administração estava a nobreza e a sociedade ainda é estamental, com valores pedagógicos tradicionais teocêntricos, voltados para um homem obediente ao rei.

6.3. Os Conflitos do Renascimento

O *Humanismo*, com repercussões nas teorias pedagógicas da época, é a ideologia do Renascimento e tem como base a razão e a experimentação. O homem passa a buscar o conhecimento através da razão. O conhecimento é á forma de aperfeiçoá-lo. A filosofia do homem torna-se antropocêntrica, tentando superar a cultura extremamente religiosa e teocêntrica que marcou a Idade Média.

Entre o *novo homem*, com seus valores renascentistas, e a sociedade absolutista, presa a alguns valores medievais, ocorre um conflito. Enquanto a burguesia procura ascender socialmente através de seu trabalho, ou seja, do que produz, persistem valores antigos na sociedade absolutista, visto que membros da nobreza ainda dão destaque, como já referido, à sua linhagem familiar. Outra contradição é a de que, ao visar o lucro, o homem usa a escravidão como um negócio, com seus interesses chocando-se com os ideais humanistas, segundo os quais todos os homens são iguais; essa contrariedade - a comercialização de seres humanos - acontece por se tratar de um período de transição, no qual ainda estão presentes valores medievais (antigos) coexistindo com valores humanistas (modernos).

Esse *novo homem* vem, portanto, questionar o absolutismo vigente. Com sua filosofia *antropocêntrica* e *humanista*, viu-se frente a uma sociedade absolutista teocêntrica, estamental e ainda muito mística. A educação, neste contexto, era totalmente dirigida pelos religiosos. A burguesia durante esse período ocupava uma posição secundária, abaixo do clero e da nobreza, e tal situação era profundamente incômoda, pois ela era, com seu dinheiro, o sustentáculo do poder absoluto, sendo beneficiada no sentido de ter um Estado centralizado, que facilitava seu comércio. Esse aspecto, entre outros, leva à formulação da teoria do liberalismo, que previa a menor interferência possível do Estado na economia e exigia a liberdade política para a burguesia. Nela, a educação tem um peso fundamental. O liberalismo econômico previa o fim dos pactos coloniais e da escravidão, a fim de aumentar o escoamento de mercadorias para fora da Europa. A escravidão era uma barreira ao ideário liberal porque, embora fosse a base do trabalho colonial, freava um imenso e potencial mercado consumidor, que, pela sua condição, não consumia. A abolição da escravidão foi um ponto de divergência dos ideais liberais.

6.4. As Idéias Iluministas e a Formação do Liberalismo

A noção *moderna* de liberdade começa a ser criada na época do apogeu econômico do regime absolutista, quando a burguesia queria quebrar seu relacionamento com o Estado para melhor desenvolver o comércio. Hobbes, o principal pensador da época, achava que o direito natural mais importante era a liberdade do homem usar seu poder para tudo que achasse correto, desde que se submetesse a um governo de poder absoluto. Para Hobbes, assim como para Locke, a liberdade estava vinculada ao direito de posse, no sentido de que tudo que o homem alcança com o seu trabalho pertence somente a ele. Para Locke, o homem deveria ter, também, liberdade de expressão, dissociada da Igreja, quer católica ou protestante, permitindo a maior divulgação de idéias laicizadas.

Concretamente, a idéia de liberdade começou a surgir no século XVII, com as lutas contra o absolutismo, como a Revolução Gloriosa na Inglaterra e, já no século XVIII, com a Revolução Industrial, e principalmente com a Revolução Francesa, como veremos adiante.

O século XVIII, envolvido por estes acontecimentos, teve na educação mudanças fundamentais. Segundo o historiador Luzuriaga, foi o *século pedagógico* por excelência, com a educação sendo priorizada por reis e pensadores políticos, surgindo suas maiores figuras, entre elas Jean-Jacques Rousseau. Podemos enumerar algumas características apontadas pelo historiador:

> *Crença no poder absoluto da razão, que deve governar homens e povos e, portanto, importância extraordinária da educação, encarregada de dirigi-la. Aspiração à liberdade, eliminadas todas as peias políticas e religiosas, assim como as convenções sociais, e daí o individualismo na educação. Reconhecimento da natureza e das leis naturais no universo e na sociedade; e daí o naturalismo pedagógico. Sentido ativo, progressista, otimista da vida que faz da educação instrumento valioso. Despertar do espírito social, de auxílio e cooperação, que faz surgir nova concepção da educação. Secularização progressiva da educação, cada vez mais reduzida a influência eclesiástica e acentuada a do Estado.*

Pode-se ainda perceber pela leitura da história que a escola pública tem uma relação direta com a Revolução Francesa, que *o projeto de constituição da escola pública está estreitamente relacionado, na França revolucionária, a este sonho de concretização de uma utopia de 'sociedade ideal', igualitária, nova...*

Portanto, as idéias que passaram a ser chamadas de liberais formaram as concepções políticas daqueles séculos. Esse conjunto de idéias éticas, políticas e econômicas é a gênese do Liberalismo. É possível ver nas características do novo pensamento liberal três aspectos:

1º) Liberalismo em sua dimensão ética: garantia dos direitos individuais, liberdade de pensamento, expressão e religião.

2º) Liberalismo político: oposição ao absolutismo, pois a burguesia já estava fortalecida e não precisava mais da aliança com o Estado; busca de teorias contratualistas para legitimar o poder independentemente da religião; criação do voto; limitação de poderes. Parece ser aqui que se dá o mais contundente confronto liberal contra os jesuítas.

3º) Liberalismo econômico: oposição à intervenção do rei nos negócios; defesa da propriedade privada dos meios de produção e a economia de mercado; visava-se ao Estado mínimo, ou seja, um Estado não intervencionista.

Enfim, a liberdade podia ser tomada aqui como a possibilidade de uma pessoa fazer suas próprias escolhas e pô-las em execução. Para que um indivíduo tivesse liberdade completa, não poderia haver restrições ao seu pensamento, à sua expressão e à sua ação. Todos deveriam conhecer suas opções e ter o poder de decisão sobre elas, buscando os meios e a oportunidade de pensar, falar e agir sem ser controlado por qualquer outra pessoa.

6.5. O Estado Social – Estado do Bem-Estar

Enfim, a burguesia obteve o reconhecimento jurídico dos direitos individuais de liberdade e, já nos meados do século XIX, com o crescimento do processo de industrialização (que iniciou quando o intento dos burgueses, antes comerciantes, passou a ser a produção, a primordial fonte de lucro), aparece o proletariado como o novo protagonista histórico das sociedades ocidentais a reivindicar os direitos econômicos e sociais. Isso porque a Revolução Industrial e a livre concorrência trouxeram as condições desumanas de vida e trabalho. Com isso, ficaram caracterizadas as circunstâncias que corresponderam à manifestação da insuficiência do reconhecimento apenas dos direitos individuais. Os homens puderam então constatar que as liberdades ainda desacompanhadas da seguridade social, dos direitos laborais e econômicos, como o direito ao trabalho e ao salário justo, e direitos de ordem cultural, como a educação, permitiram várias iniqüidades à existência das pessoas.

Assim, pode-se concluir que, em boa parte, a exploração do trabalho humano de forma ampla e brutal, a partir do advento da Revolução Industrial, foi devida ao fato de as novas técnicas produtivas terem transformado as realidades a um tempo em que ainda não havia surgido um conjunto de leis apropriadas para cuidar dos novos problemas, o que acabou gerando desastrosas conseqüências. O direito já não podia atender aos novos fenômenos econômicos e sociais, fator determinante da decadência do sistema liberal.

A Revolução Francesa aperfeiçoou a ordem jurídica, valorizou o indivíduo e afirmou a autonomia da vontade contra a tirania e o poder absoluto; no entanto, nesta fase, ainda não havia a diferenciação entre os direitos sociais e os direitos individuais.

Mas, por outro lado, deve-se assinalar que o processo liberal foi decisivo para a obtenção das conquistas sociais: por meio dos embates políticos que os excessos do liberalismo proporcionaram durante a Revolução Industrial e o conseqüente despertar da questão social, o Estado passou a ser identificado como o ente capaz de oferecer os meios que se faziam necessários para atingir a satisfação das carências sociais prementes, ou seja, passou a ser visto como um órgão que poderia pôr fim às desigualdades e garantir a todas as pessoas o acesso ao gozo efetivo dos direitos sociais. Entendido como um órgão de equilíbrio, esta compreensão de Estado deu início à era social.

Acerca dos direito sociais, há de se dizer que os mesmos correspondem a uma categoria dos direitos fundamentais do homem; dividindo estes em direitos fundamentais de liberdade e direitos fundamentais sociais, pode-se salientar brevemente que os primeiros exprimem um comando ao Estado de não-fazer, enquanto os últimos assumem um caráter positivo, isto é, significam uma ordem para fazer algo, consistem em um programa para realizar, ora a ser cumprido apenas pelo Estado, ora a ser construído pelo Estado em conjunto com a generalidade dos cidadãos, para o benefício de toda a sociedade.

A partir daquela comentada compreensão de Estado, a reação da sociedade pela procura de melhores níveis de vida surgiu acompanhada das doutrinas políticas socialistas. Vale destacar, também, a importância da influência da doutrina social da Igreja, de forte sentido humanista a partir da *Encíclica Rerum Novarum*, de 1891, de autoria do Papa Leão XIII, cuja ênfase no trabalho, recaiu, inclusive, sobre os deveres do Estado. Daí que, é a partir do segundo pós-guerra que se pôde observar as crescentes novas formulações dos direitos humanos, desenvolvendo aqueles princípios norte-americanos e franceses das *Declarações* e oferecendo interpretações mais adequadas à obtenção de uma vida justa e digna. De um modo especial, apreciaram maior progresso os direitos de resistência à opressão e, também, os direitos econômicos e sociais, que foram adaptados e cada vez mais estendidos às classes proletárias.

6.6. As Revoluções Modernas e suas Influências

Os dois momentos marcantes da história moderna, a Revolução Industrial Gloriosa na Inglaterra e a Revolução Francesa, propiciaram outras revoluções no campo das artes, da cultura, das ciências e principalmente da educação. Estas atitudes revolucionárias marcaram a modernidade, caracterizando-se pela passagem de uma educação controlada pelo poder religioso para uma educação pública ampla e para todos.

Para que ocorressem tais transformações era necessário que houvesse, no imaginário de uma camada influente da sociedade, o desejo de criação e rompimento com as tradições. A partir daí, tais idéias foram sendo assimiladas por outras camadas, atingindo seu objetivo. No caso das revoluções Industrial e Francesa, a camada insatisfeita era a burguesia, portadora da ideologia liberal. Essas revoluções também contribuíram com a consolidação do modo de produção capitalista, acabando com a transição e implantando um Estado favorável à burguesia.

Na Revolução Industrial, a burguesia, junto com um setor da nobreza, possuía idéias novas, baseadas no liberalismo. A finalidade era a de implantar uma sociedade mais adequada ao liberalismo burguês, onde o capital era determinante para o poder.

A Revolução Francesa foi comandada pela burguesia, insatisfeita pela pouca participação na política. Propagou sua ideologia para outras camadas, as quais, já não estando contentes com a situação, resolveram aderir à revolução.

A Revolução Industrial proporcionou resultados totalmente novos na sociedade nascente, mais tarde vista por Karl Marx como dividida em duas classes: *a burguesia*, dona dos meios de produção, e o *proletariado,* possuidor apenas de sua força de trabalho. Esta nova teoria expressa futuros conflitos e práticas revolucionárias antiliberais ou anticapitalistas.

Nas cidades, especialmente em Londres, graças às novas práticas, houve um aumento da urbanização, pois a mão-de-obra do campo deslocou-se para os centros urbanos, engrossando as fileiras do nascente proletariado, em virtude da Revolução Agrícola ter diminuído a necessidade de mão-de-obra, fato que vai se repetir nos países colonizados um século mais tarde. Essa Revolução representou a destruição final da comunidade aldeã medieval, e a sua substituição pelo moderno sistema de agricultura individual.

A produção em massa desenvolveu-se, bem como os centros industriais, cada vez mais inchados. Nas cidades, espalham-se mendigos, prostitutas e muitos miseráveis sem a menor condição de higiene e moradia. Devido à precariedade das condições de vida do proletariado, surgiram ideologias que contestavam o sistema capitalista, como o anarquismo, o socialismo, e os sindicatos de trabalhadores, fundados a partir de 1776. Em 1824, é aprovado o direito de greve, concedido através de uma lei.

Os resultados humanos e sociais da Revolução Industrial foram catastróficos. A diminuição da oferta de emprego no campo e o conseqüente êxodo rural fizeram a população de Londres atingir rapidamente um milhão de pessoas. O maior crescimento era o das cidades próximas às minas de carvão

(Inglaterra Negra). Em 1830, pela primeira vez na história da Inglaterra, a população urbana tornou-se maior que a rural. As cidades ficaram inchadas e os aluguéis cresciam. Muitas famílias ocupavam o mesmo cômodo, geralmente porões sem esgoto, onde não havia higiene mas sobrava promiscuidade. Em que pese esta realidade, surgem novos elementos que irão exigir outras práticas educacionais para a nova realidade de progresso.

A produção, com a máquina a vapor, explodiu, levando à falência os pequenos artesãos, causando desemprego e gerando a revolta contra as máquinas. Como a procura por emprego era muito grande, as condições de trabalho eram mínimas, chegando a jornadas de trabalho de até quinze horas, em fábricas e minas mal ventiladas e sem segurança. Acredita-se que mais de mil mineiros morriam por ano. Para pagar menos, os donos de fábricas preferiam contratar mulheres e crianças de até cinco anos. A criminalidade e a prostituição explodiram. As crianças eram empregadas nas fábricas, sendo privadas de instrução e educação moral e religiosa.

Toda essa realidade fica mais clara nas palavras do historiador Manacorda, quando afirma:

> *O velho artesão, todo casa e oficina, para cujos filhos Lutero pedira duas horas de escola por dia ao lado do trabalho doméstico, não existe mais ou está desaparecendo: de qualquer forma, não é mais uma figura social determinante... Em suma: a revolução industrial muda também as condições e as exigências da formação humana.*

6.7. A Revolução Francesa e os Direitos do Homem

As idéias básicas que orientaram a Revolução Francesa:

Orientação cívica e patriótica, inspirada em princípios democráticos e de liberdade. Educação como função do Estado, independente da Igreja. Obrigatoriedade escolar para a totalidade das crianças. Gratuidade do ensino primá-

rio, correspondente ao princípio da obrigatoriedade. Laicismo ou neutralidade religiosa. Começo da unificação do ensino público em todos os graus e acesso dos mais capazes aos graus superiores.

Na França, em 1789, com o lema "Igualdade, liberdade e fraternidade," inicia-se a Revolução Francesa, com influência das mudanças operadas pelos ingleses, demonstrando a vontade de liberdade do povo francês liderado pelos jacobinos. Procuravam a igualdade de oportunidades para todos os cidadãos, fornecendo as bases necessárias à garantia do progresso individual. O estabelecimento da liberdade individual garantiria ao cidadão não só o direito de expor suas próprias opiniões, como também o direito das escolhas individuais, entre elas uma educação independente da religião.

Já a idéia de fraternidade mostrou-se mais fraca no contexto da época, do que as idéias de liberdade e igualdade, pois o nacionalismo (soberania dos Estados) se sobrepõe ao conceito de fraternidade. Nem todos os povos tinham os mesmos anseios de independência que assolavam os franceses; em função disso, os historiadores consideram que o lema poderia ter sido substituído por *liberdade, igualdade e Estado soberano.*

A Declaração dos Direitos do Homem e do Cidadão aparece em 26 de agosto de 1789. Assegurava os direitos individuais e a ordem pública numa época em que o abuso do poder político era grande, além de igualdade diante do imposto e a remissão dos direitos senhoriais, com exceção de servidões pessoais, que desapareceram sem indenização. O direito expresso de resistência à opressão, que se refere à legitimação da Revolução de 14 de julho, também foi proposto pela Declaração.

Outras medidas bem-sucedidas foram a igualdade de penas, a admissão de todos às funções públicas, inclusive a educação, a abolição de venda de cargos, a gratuidade do culto.

A Declaração não especifica o regime - Monarquia ou República[20] - pretende-se a um só tempo *universal* (sem especifi-

20. Isto embora os seus preceitos sugiram implicitamente a preferência pela forma republicana de governo. A plenitude do gozo dos direitos de cidadania, liberdades

cação regional ou nacional) e *particular* (no sentido de fundar as bases doutrinárias do direito individual). Portanto, a Declaração dos Direitos do Homem e do Cidadão permitiu a destruição integral do regime feudal, livrando os servos de seus contratos com os senhores. Consolidou os burgueses definitivamente no poder, promoveu o individualismo, o igualitarismo e a fraternidade entre os revolucionários. Essas idéias propagaram-se por toda a Europa devido à política expansionista de Napoleão Bonaparte.

A Declaração servia como exposição dos princípios filosóficos da revolução e muitos burgueses de outros países abraçaram esta causa em prol do *povo e de sua soberania*. Além da soberania do povo, pregava também a separação dos poderes (Legislativo, Executivo e Judiciário). Deixou dois grandes marcos para os dias de hoje. O primeiro foi a grande contribuição para a democracia moderna, com os princípios de liberdade, igualdade e fraternidade; a soberania do povo e o constitucionalismo (separação dos Poderes). O segundo foi a defesa dos direitos humanos, defesa que vem evoluindo desde o Código de Hamurabi,[21] passando por Mêncio, pelos gregos, pela Declaração da Independência Americana e pela Declaração Francesa, que é a base da Declaração Universal dos Direitos do Homem feita pela ONU,[22] que estabelece critérios quanto a maus-tratos cometidos por países contra seu povo. A linha filosófica da Revolução Francesa, o Iluminismo, é a base de muitas Constituições e métodos de ensino, influenciando, ain-

---

individuais (como a de *expressão*) e outros é, na prática, diificilmente exeqüível numa monarquia de fato; e, ao contrário, perfeitamente cabível numa *monarquia de direito, decorativa de função cívica*, como a inglesa, onde a presença de um Parlamento forte descaracteriza, na realidade, a monarquia, a qual nada tem a ver com representação popular e cidadania para todos. O elemento povo sob a monarquia de fato é *súdito* e não *cidadão*. A propósito, todos os grandes teóricos iluministas que inspiraram a Revolução Francesa (Diderot, D'Alembert, Montesquieu, Voltaire e Rousseau) eram ou anti-monarquistas declarados (Voltaire) ou viam esse regime como o pior de todos, inclusive o rico e nobre Barão de La Brède e de Montesquieu. (*N.R.*)

21. *Código de Hamurabi - Código de Manu, Lei das XII Tábuas*, Série Clássicos Edipro, Bauru, SP, 1994.

22. *Declaração Universal dos Direitos Humanos - Declaração Universal - Estatuto da Corte Internacional de Justiça - Carta da OEA - Dos Direitos e Garantias Fundamentais CF/88*. Série Clássicos Edipro, Bauru, SP, 1993.

da, muitos intelectuais.[23] *Educar humanamente todos os homens torna-se o grande objetivo da educação moderna... Os iluministas, os utopistas, os reformadores e os revolucionários deste século tentam concretizar este ideal.*

Os representantes do povo francês quiseram relembrar e concretizar os direitos dos homens, considerando que seu esquecimento ou desprezo causa as desgraças públicas e a corrupção dos governos. Os direitos eram naturais, inalienáveis e sagrados para o homem. Os 17 artigos tinham como finalidade lembrar incessantemente direitos e deveres. A Declaração dos Direitos do Homem e do Cidadão afirmava a igualdade jurídica de todos: *Os homens nascem e permanecem livres e iguais nos direitos. As distinções sociais só podem ser baseadas sobre a utilidade comum.* No artigo nº 17, a declaração afirma a propriedade privada como *sagrada* e *inviolável*. *Sendo a propriedade um direito inviolável e sagrado, ninguém poderá ser dela privado, salvo quando a necessidade pública o exigir de forma evidente, e sempre através de justa indenização.*

Pode-se perceber ainda, no artigo nº 6, que todos os homens, em tese, têm o direito de participar da elaboração das leis, contrapondo-se à sociedade estamental e ao absolutismo monárquico, onde o povo não participava. *A lei é a expressão da vontade geral. Todos os cidadãos têm o direito de participar, pessoalmente ou através de seus representantes, da sua elaboração...* Este artigo é fortemente influenciado pelo pensamento de Rousseau, cujas idéias foram fundamentais para a concretização dos ideais revolucionários.

6.8. O Estado e o Cidadão na Revolução Francesa

A Revolução Francesa aboliu todas as associações intermediárias entre o Estado e o Indivíduo, suprimindo os quadros sociais que compunham o feudalismo e compondo outros que hoje conhecemos. O liberalismo econômico veio a caracterizar

23. Veja-se *Emílio*, de Jean-Jacques Rousseau, que se destaca nesse sentido.

o Estado Moderno até fins do século XIX. *"...premidos pelo advento do industrialismo, pelo desenvolvimento cientifico, pelas novas técnicas de transportes, de comunicações, empurrados irresistivelmente pela complexidade da nova vida social que se avizinhava."*[24]

Uma nova regulamentação jurídico-política jogou o homem moderno a certas condições nas quais tudo agora dependia do Estado. O século XX realizou o Estado liberal por ser um regime popular, em que a vontade do povo ditava as leis. Este liberalismo que absorveu tanto o indivíduo como toda a sociedade moderna, que reclamou um maior controle no poder do Estado. A cada nova necessidade, um novo serviço público, uma nova lei ou um código; para cada progresso técnico, cada inovação, o Estado Moderno liberal determinava uma regulamentação. Um imenso exército de funcionários públicos de todas as categorias foram necessários para manter este movimento colossal da burocracia administrativa, até que nos dias de hoje o Estado encontra-se totalmente abarrotado de funcionários ociosos.

No século XX, o liberalismo acarretou o Estado burocrata (governo de funcionários), pois o chamado Estado liberal não podia cumprir a tarefa assombrosa que lhe exigiam, porém conservava uma de suas maiores conquistas, a liberdade e a tolerância. Porém, a crise da sociedade moderna trouxe um surto de novas doutrinas, denominadas totalitárias que preconizavam a absorção total e absoluta do homem em uma classe social no Estado ou em uma Raça. Depois de suprimir qualquer vestígio de liberdade, estas doutrinas totalitárias tendiam à supressão das ultimas possibilidades de paz. Entretanto era uma paz onde a escravidão não seria individual e sim coletiva.

6.9. Os Dias Atuais

Os conflitos, sobre os quais nunca se cogitou, que põem em choque permanente sobretudo os primados fundamentais dos

24. Darcy Azambuja, *Teoria Geral do Estado*, Globo, RS.

valores humanos, *os direitos humanos universalmente consagrados*, são acompanhados de uma economia globalizada, que está surpreendendo o mundo, porquanto o capital mostra-se desimpedido e desinibido o suficiente para desconsiderar, pois, os direitos fundamentais.

A importância e o significado superior que estes direitos adquiriram são justificados pela própria trajetória de sua descoberta: os mesmos foram desenvolvidos sob a convicção de que o bem-estar de uma sociedade, dependente da solidariedade entre os homens, só pode ser realizada se, ao indivíduo, forem proporcionadas e asseguradas as condições para o alcance efetivo daquele estado de bem-estar, o qual, em sentido amplo, é físico e espiritual, e depende dos instrumentos materiais para sua concretização.

O atual ambiente, fruto da internacionalização econômica e dos câmbios desta ordem, a globalização econômica, tem fragmentado e desregulamentado as estruturas jurídicas da organização dos Estados, bem como, vem determinando a ineficiência do direito tradicional.

Verifica-se a inadequação das normas, especialmente no Direito do Trabalho, efeito da industrialização acelerada, da implementação permanente de novas tecnologias e das profundas alterações que se operam no processo produtivo, exigindo a precarização do acesso a direitos fundamentais, o qual vem sendo orientado segundo as necessidades do capital transnacional e à total subordinação ao ideário deste mesmo poder.

Outro efeito que decorre da subordinação ao capital transnacional é a progressiva apropriação da titularidade da iniciativa legislativa por parte do Executivo, em detrimento das competências do Congresso e da autonomia do Judiciário.

Esta prática dá um caráter intervencionista ao governo, que, garantidor do autoritarismo econômico, leva à perda da idéia de igualdade e de justiça, esvaziando gradativamente os princípios humanos fundamentais do Estado democrático de direito, os quais têm como uma de suas categorias os direitos sociais.

As relações impostas pelo monopólio legislativo exercido pelo Executivo, numa febre legisferante, desenfreadas em função das normas postas e sobrepostas, juridicamente, terminam por obstaculizar a participação decisória dos cidadãos, quer dizer, rompem com o espaço político representativo e com a politização da vida social, inibindo a democracia, impedindo a expressão da soberania popular.

Assim, o Estado dos anos 90 do século XX encontrou-se em transformação. No entanto, hoje, ele parece um ser vencido pela globalização econômica, a qual tem efeito paralisante, ou seja, consiste em uma força que neutraliza qualquer movimento no sentido de autodefesa e de resistência às suas exigências desumanas ou aos seus efeitos galopantes. A economia mundial e suas bases puramente materialistas se voltam contra os valores da modernidade, contra a efetiva realização dos direitos fundamentais, sem qualquer barreira às suas injustas crueldades. O imperialismo econômico e sua intriga constante com aqueles direitos faz parecer, inclusive, aos olhos dos homens, que a crise é do Estado democrático de direito, de seus princípios. Por causa dessa chamada às mudanças em que o mundo se encontra e ao conseqüente redimensionamento de seus objetivos, há de se advertir que merece especial tratamento a redefinição do papel regulador do Estado, assegurando a sua legitimidade decisória através da participação popular. A importância da participação política do povo ganha proporções e cresce, a partir do instante em que se vê, na prática, os caminhos à barbárie que o mundo já conheceu no passado e que não deseja repisar. Notadamente em relação ao trabalho humano.

A este respeito, mantém-se perfeitas e adequadas as palavras de João XXIII, ao descrever o drama de todas as nações, em 1961, referindo-se à *Rerum Novarum*, de Leão XIII: "*Portanto, como adverte com acerto o Sumo Pontífice, a ditadura econômica suplantou um mercado livre; ao desejo de lucro sucedeu a desenfreada ambição do poder; a economia toda se tem feito horrivelmente dura, inexorável, cruel. Daqui se seguia logicamente que até as funções públicas se puseram ao serviço dos economicamente poderosos; e desta maneira as riquezas acumuladas tiranizavam em certo modo a todas as nações".*

6.10. Conclusão

Após esta pequena síntese histórica da evolução das concepções de Estado, adverte-se que, a essência de todas as crises que já se conheceu, teve, assim como a atual tem, forte cunho sócio-econômico.

Hoje é muito divulgada a concepção de Estado democrático de direito, cuja maior finalidade é o aprofundamento da democracia participativa para atingir a igualdade real entre todos, efetivando a completa democracia econômica e social, para a correção das desigualdades entre os homens.

Estado democrático de direito é a qualificação do Estado com duas idéias indissociáveis: a prévia regulamentação legal e a democracia.

Constituindo uma organização política onde a vontade popular é soberana e onde é verificável a dignidade da pessoa humana e a eficácia dos direitos e liberdades fundamentais, perfazendo uma sociedade justa, solidária e igualitária, o Estado democrático de direito assim o é em virtude da unificação daquelas duas citadas componentes, que constituem, respectivamente, o Estado de direito e o Estado democrático.

Sabendo-se que a implementação dos direitos individuais, os direitos de liberdade, apenas será concretizada se tiver como pressupostos a democracia política, social e econômica, todo estudo que envolver a busca de alternativas ou de soluções para algum problema deve chamar a população, envolvendo-a na tomada de decisões, constantemente, conferindo-lhe a oportunidade de emitir sua opinião.

CAPÍTULO V

O ESTADO, SEUS PRINCÍPIOS E FUNDAMENTOS

A finalidade do Estado é realizar o bem comum dos que o constituem.

"...não existe poder político sem sociedade, logo, não existe Estado sem Sociedade, porque o poder político supremo é o Estado."[25]

Os filósofos Thomas Hobbes[26] e Jean-Jacques Rousseau,[27] apresentam duas imagens diferentes de estado de natureza e a sua passagem para o estado civil através de um pacto social.

Hobbes, em seu texto *Leviatã*, apresenta uma forma nova de ver o estado de natureza. Para ele, os homens eram natu-

25. Darcy Azambuja.

26. Hobbes, Thomas. *Leviatã*, tradução de João Paulo Monteiro e Maria Beatriz Nizza da Silva, 2ª ed., São Paulo, Nova Cultural, 1979, Coleção Os Pensadores.

27. Rousseau, Jean-Jacques. *Discurso Sobre a Origem e os Fundamentos da Desigualdade entre os Homens*, tradução de Lourdes Santos Machado, São Paulo, Nova Cultural, 1978, Coleção Os Pensadores.

ralmente iguais. Por mais que um seja mais fisicamente forte que o outro, ou mais espiritualmente forte, olhando o homem como um todo, as diferenças são muito pequenas para que um possa exigir benefícios que outros não possam usufruir. Desse modo, se um indivíduo é capaz de matar com a força, por ser forte de corpo, o outro pode matar o mais forte através de maquinação ou aliança com os outros que sofrem do mesmo mal.

Com essa igualdade de ação, surge a igualdade de esperança de atingirmos nossos fins. Quando dois ou mais homens tentam atingir o mesmo fim, e esse, é inatingível para todos ao mesmo tempo, os homens passam a ser inimigos. Dessa forma, se alguém planta, colhe e constrói um lugar conveniente, é de se esperar a invasão de outro que queira se beneficiar do trabalho alheio. Por isso, aquele que possui algo deve lutar para manter sua posse e aquele que não tem deve lutar para adquirir.

Essa situação de desconfiança gera nas pessoas a antecipação: "atacar para não ser atacado", com a finalidade de garantir o que é seu, seja com a astúcia ou com a força, até se tornar suficientemente grande e forte para que não haja quem atacá-lo ou ameaçá-lo. Caso um homem se contente em atuar apenas na sua defesa, sem visar ao aumento de seu poder, ele será incapaz de subsistir por longo tempo. Portanto, esse ato de domínio sobre o homem deve ser aceito por todos.

Quando não há um poder capaz de manter entre todos um respeito, os homens não tiram prazer algum da companhia uns dos outros, muito pelo contrário. Pois a qualquer sinal de desprezo os homens passam a "defender" sua glória causando discórdia.

Desse modo, Hobbes afirma que na natureza há três formas de gerar a guerra: a primeira por *competição*, a segunda por *desconfiança* e a terceira por *reputação*. A primeira os homens utilizam para se tornarem senhores, obter lucro e se tornarem poderosos, a segunda para garantir suas posses e seu poder, e a terceira por ninharias, pequenos insultos que ofendem a si próprio ou seus amigos, familiares, nação ou profissão.

A esse estado, o filósofo denomina *guerra*; pois são todos os homens contra todos os homens. Não há um poder que mantenha o respeito entre os homens. Nesse estado de natureza não há indústria, pois seu fruto é incerto, não há navegação nem uso de mercadorias importadas, o cultivo da terra é precário, não há artes nem letras, muito menos construções confortáveis. Tudo isso devido à incerteza do estado natural. Em uma guerra não há previsões e a incerteza impede o desenvolvimento. Com isso, não há sociedade.

Hobbes ainda insiste em afirmar e exemplificar a desconfiança do homem com relação ao seus semelhantes. Diz que todos fecham as portas de casa e trancam seus cofres ao sair com medo de serem "invadidos" e roubados mesmo pelos seus próprios familiares e amigos.

No estado de natureza, não há leis, que definam o que é justo ou injusto, o que torna os direitos dos homens ilimitados, ficando à mercê de suas próprias vontades e paixões. Desse modo, a única maneira de garantir a posse de seus bens é através da força e, não dispondo de nada, além dela, que o proteja, a insegurança e a incerteza tornam-se constantes já que a qualquer momento suas posses e bens podem ser tomados por outros indivíduos.

Rousseau critica esta visão de estado de natureza feita por Hobbes. Afirma que Hobbes partiu do homem civil para descrever um homem natural. Isto fez, segundo Rousseau, com que o homem natural possuísse características adquiridas quando se organiza civilmente.

Rousseau repele firmemente a idéia do homem natural ser cruel; para ele, o homem em seu estado primitivo é meigo, quando longe da estupidez dos brutos e das luzes funestas do homem civil. Esse homem, por instinto natural, defende-se do mal e é impedido pela piedade de fazer mal a alguém.

Por ser um estado sem conflitos, com certeza esse estado é o menos sujeito a revoluções, que por algum motivo dele emergiu, um fato que, para Rousseau, jamais deveria ter ocorrido. Os progressos feitos posteriormente a esse estado, visando ao aperfeiçoamento do homem, acabaram por gerar a decrepitude da espécie.

Ou seja, enquanto um único homem podia costurar, caçar e garantir sua vida sozinho, ele desfrutava de uma liberdade, felicidade e saúde que a sua natureza permitia. A partir do momento em que o homem se viu dependente de outro para sobreviver, hora que sentiu depender de um só o destino de dois outros homens, surgiu a desigualdade, a propriedade e o trabalho tornou-se necessário.

No estado de natureza não há propriedade, tudo é de todos, podendo um homem usufruir de uma terra apenas para plantar o necessário para a subsistência. Quando alguém cercou um lote e disse *"isso é meu"*, impedindo que outros também usufruíssem da terra, e outro por humildade acreditou em tal afirmação criou- se a sociedade civil. Quando há desigualdade e as propriedades, de alguns, ultrapassam o necessário, o estado de natureza atinge seu ultimo termo e passa a ser estado de guerra.

Rousseau diz que, ao chegar nesse ponto, a única maneira de organizar a sociedade é agregar as forças de cada indivíduo para ordená-las visando ao mesmo objetivo. Essa agregação vem com o intuito de proteger a pessoa e seus bens. A soma de forças cria uma força comum. Como o indivíduo tem a mesma opinião que a força comum, ele continua livre pois acaba por obedecer apenas a si mesmo. Isso se dá através do pacto social.[28]

Com o contrato social o homem apenas perde a liberdade natural, um direito ilimitado, tudo aquilo que ele podia alcançar pelos seus meios. Porém ele ganha a liberdade civil e a propriedade de tudo que possui. A liberdade natural tem seus limites na força do indivíduo, e a liberdade civil é limitada pela vontade geral, que inclui a vontade do próprio indivíduo, e garante a posse, independente da força do proprietário. A propriedade é garantida desde que ela represente o necessário para a sub-

28. *Do Contrato Social - Princípios do Direito Político,* Jean-Jacques Rousseau, trad. de Edson Bini, Série Clássicos Edipro, Bauru, SP, 2000.

sistência do indivíduo. Com essa definição feita, o direito do primeiro ocupante se torna aceitável no estado civil. Tal direito consiste em ocupar uma região não habitada; ocupar apenas o necessário para o seu sustento; trabalhar e cultivar a terra. Dessa forma, todas as propriedades são legitimas.

O homem para Rousseau tem uma vontade particular que representa a vontade privada de cada indivíduo. Somando as vontades particulares se cria a vontade geral, os desejos comuns entre todos os homens. Assim, a vontade geral é sempre benéfica a todos. Entretanto, quando os cidadãos se agrupam em facções e partidos, os indivíduos possuem uma vontade geral perante o partido e este uma particular em relação à vontade geral. Portanto, o numero de vontades particulares que formam a vontade geral não é mais o número de homens e sim o número de facções. As diferenças, menos numerosas, dão um resultado menos geral. Quando uma dessas facções ficar tão grande que se sobreponha às outras, não haverá soma das diferenças e sim uma única diferença. Para que haja verdadeira opinião geral, cada homem deve opinar de acordo consigo mesmo. Se houver associações então é necessário dividi-las ao máximo, para que não haja grandes desigualdades.

Hobbes, por sua vez, possui uma visão de pacto social totalmente diferente da de Rousseau. Para Hobbes, a passagem do estado de natureza, visto como um estado de guerra, se dá a partir de um pacto recíproco de todo os homens com todos os homens instaurando um poder comum. Esse poder comum pode ser um único indivíduo ou um corpo, como uma assembléia, que governa a população com um objetivo único: *garantir o respeito mútuo*. Há necessidade de estabelecer um poder comum, pois o acordo entre a multidão é impossível já que os desejos particulares prevalecem. Este poder não pode ser transitório, pois as mudanças contínuas geram instabilidade.

O direito ilimitado de cada homem no estado de natureza é transmitido para o poder comum que passa a ter um poder ilimitado apenas para garantir a vida e segurança de todos. Ou seja, o soberano pode utilizar de qualquer meio, desde que seja para garantir a vida e segurança de seus súditos.

O pacto resulta na instituição de um Estado (transformação da multidão em corpo político). A formação do Estado pode ser feita por um consentimento coletivo, um pacto (como já foi demonstrado), ou então por foça natural: na sujeição dos filhos à atividade paterna e na conquista dos inimigos em uma guerra. Os dois últimos representam uma forma de estado absolutista, enquanto o pacto não é absolutista, já que vem do consentimento de todos.

Para Hobbes, todas as terras são propriedade do Estado, do poder comum. O Estado irá distribuir de acordo com o que o soberano acredita ser compatível com a eqüidade e com o bem comum. Ou seja, todos têm direito à propriedade, no mínimo àquela que garanta o próprio sustento.

O direito à propriedade vem da distribuição das terras. Quando o soberano concede determinada terra a um súdito, todos os outros súditos estão excluídos do uso desta terra. Entretanto, o soberano tem o poder de retirar sua posse, se achar necessário para manter a paz e segurança de todos. A distribuição das terras, e consequentemente o direito à posse, visam também à manutenção da paz e segurança comum.

Para Hobbes, o pacto entre todos os homens é a única solução para passar de um estado de natureza para um estado civil. Para Rousseau, o contrato se dá dentro de cada indivíduo, na soma das vontades particulares formando a vontade geral. E o indivíduo faz um balanço entre as vontades gerais e particulares. Porém, ambos buscam o mesmo objetivo, garantir a paz, segurança dos homens e de seus bens.

> *"Qualquer doutrina política antiga explica o poder político pela intervenção de forças sobrenaturais; elas pressupõem que o governo deva ser exercido pelo 'iluminado'."* (J.-J. Rousseau)

Em seu *Contrato Social*, Rousseau fala da origem do Estado para defesa e proteção da pessoa e bens de cada associado. Para ele cada membro se alienava, com seus direitos, a comunhão, porque cada qual, dava-se a condição de igual.

Hobbes no *Leviatã*, admite a existência dos direitos naturais do homem, anteriores à sociedade, não nega a existência da sociedade e deixa claro que o Direito existe para a sociedade, que deve ser mantida em paz, ainda que com mãos de ferro.

1. O ESTADO DE NATUREZA

Tudo começa com o conceito de *conatus*, que seria a força genética do comportamento. É um impulso original ou começo interno do movimento animal, para se aproximar do que lhe causa satisfação ou fugir do que lhe desagrada. Esse *conatus* impulsiona o homem a vencer sempre.

É de sua natureza ser o homem egoísta, mau e constituído por um "perpétuo e irrequieto desejo de poder e mais poder que só termina com a morte".

Um determinismo mecanicista regeria a atividade psicológica do homem, o livre arbítrio não passando de ilusão: seria apenas uma expressão destinada a ocultar a ignorância das verdadeiras causas das decisões humanas.

Conatos provoca a "guerra de todos contra todos"; seria o estado natural em que vivem os homens antes de seu ingresso no estado social (absolutismo). O homem é governado por suas paixões e tem como direito seu conquistar tudo que desejar.

Nesse contexto, no estado de natureza, os homens mais fracos podem matar os fisicamente mais fortes lançando mão deste ou daquele recurso, e como as aptidões também se igualam, o recurso à violência se generaliza.

Exemplo: um intelectual não utilizaria a violência, ou até mesmo um mais fraco (se não estivessem no estado natural).

Gostaria de citar uns exemplos indicados por Hobbes: "eu não sei o que o outro deseja e por isso tenho que fazer uma suposição de qual será a sua atitude mais prudente e razoável. Como ele também não sabe o que eu quero também é forçado a supor o que eu farei". Porém o instinto de conservação também domina o homem e este o leva a preservar o domínio da paz. Esse instinto de conservação é a peça fundamental na filosofia de Hobbes porque os indivíduos entram em sociedade só quando a preservação da vida está ameaçada e esta ameaça partiria dos próprios indivíduos, já que todos poderiam fazer tudo para exercer seu poder.

Dessas suposições recíprocas, decorre que geralmente o mais razoável para cada um é atacar o outro, para vencê-lo ou para evitar um possível ataque. É assim que a guerra se generaliza. Por isso se não há um Estado controlando e reprimindo, fazer a guerra uns contra os outros é a atitude mais racional a se adotar (enfatizar que o homem não é nenhum anormal).

Na natureza do homem encontramos três causas principais da discórdia:

1ª) competição: que leva os homens a atacarem uns aos outros tendo em vista o lucro;

2ª) desconfiança: leva à segurança;

3ª) glória: a reputação, busca de poder.

Thomas Hobbes foi um estadista. Seu pensamento político foi o de que o Estado é absolutista, e defendia que a única fonte do Direito deve ser a vontade do soberano.

Considerando o fato de que cada soberano, em cada Estado, era o poder por si só, como ficariam as relações entre os Estados soberanos? Para Hobbes, valia a lei do mais forte: o estado de natureza.

Na sua introdução do *Leviatã*, Hobbes descreve o estado de natureza como um organismo semelhante ao do ser humano. Explica que toda e qualquer ação do ser humano é motivada tão somente pela ganância e auto-preservação. Daí, ele conclui que a condição natural do homem é um estado perpétuo de guerra de todos contra todos, onde a moralidade não existe, e todos vivem em constante medo.

> "*Tudo, portanto, que advém de um tempo de Guerra, onde cada homem é Inimigo de outro homem, igualmente advém do tempo em que os homens vivem sem outra segu-*

rança além do que sua própria força e sua própria astúcia conseguem provê-los. Em tal condição, não há lugar para a Indústria; porque seu fruto é incerto; e, consequentemente, nenhuma Cultura da Terra; nenhuma Navegação, nem uso algum das mercadorias que podem ser importadas através do Mar; nenhuma Construção confortável; nada de Instrumentos para mover e remover coisas que requerem muita força; nenhum Conhecimento da face da Terra; nenhuma estimativa de Tempo; nada de Artes; nada de Letras; nenhuma Sociedade; e o que é o pior de tudo, medo contínuo e perigo de morte violenta; e a vida do homem, solitária, pobre, sórdida, brutal e curta."[29]

1.1. Contrato

Mas a idéia de Hobbes não era impositiva, unilateral. Ao menos não no principio, pois a forma de ascensão do monarca se daria através de um contrato firmado entre o mesmo, e o povo (o voto é um tipo de contrato).

Nesse contrato, indivíduos renunciam voluntariamente aos seus direitos de cidadão, para que se pudesse constituir o Estado. E, com base neste acordo recíproco, o povo se submetia ao soberano sem discussão.

O contrato seria uma mútua transferência de direitos. Por exemplo: eu concordo de abdicar do meu direito de roubar de você, se você abdicar do seu direito de me roubar. Ficamos assim obrigados a não roubar um do outro. Por motivos egoístas, nós somos motivados a, mutuamente, transferir esse e outros direitos, desde que isso acabe com o temível estado de guerra entre nós. Hobbes continua, discursando sobre a validade de certos contratos. Por exemplo: não se pode abdicar da sua autodefesa (ou autopreservação), pois este é o único motivo pelo qual a pessoa entra em qualquer contrato.

29. Thomas Hobbes, *Leviatã*, Parte I, capítulo 13.

1.2. Justiça

Seria justo abdicar de sua liberdade em favor de outra pessoa, que a representará? A resposta é sim, caso não aja coação. Afinal, não é isso que fazemos, parcialmente, quando somos representados por um advogado?

A teoria de Hobbes, em si, não é injusta, pois, na sua doutrina, ele afirma que, no estado de natureza, onde cada um tem direito sobre todas as coisas, não é possível distinguir o justo do injusto. Tal distinção somente se dará quando se instaurar o estado civil. Ou seja, quando se institui o poder do soberano.

E o que seria justo? Justo é tudo aquilo que o soberano decidir, e injusto tudo aquilo que ele proibir.

Locke também anuncia que o poder político repousa num contrato de associação, cujo fim é transferir à comunidade o direito de justiça, presente e ativo, no estado da natureza.

Locke (1632-1704) atuou politicamente. Por causa de suas idéias políticas, passou de 1683 a 1689 longo período de exílio na Holanda, país que acolhia os exilados. Foi contrário aos teóricos do absolutismo, como Thomas Hobbes (1588-1679). Afirmou não haver poder inato, nem direito político divino. Logo, os reis não representavam Deus como pensavam.

Para ele, uma boa ação concorda com uma norma. Existem três tipos de normas morais: a *divina*, a *política* e a da *opinião pública*.

Todos os homens nascem e são iguais por natureza. Usam a razão, um bem comum, para construir a sociedade e com partilhar os resultados. O Estado vem do direito natural, como o direito à vida, à liberdade, à propriedade. O Estado deve promulgar o bem-estar geral. O governo não pode ser tirânico nem patriarcal. Se o for, deve ser derrubado pelo povo (*Treatise on civil government*).

O Estado não deve ser baseado na fé ou na religião (aqui uma crítica aos religiosos que exerciam poderes políticos). Um governante, seja um príncipe ou um rei, é necessário para assegurar a validade do pacto social, mas o direito vem do povo, não da religião. Ele é submisso às leis e não pode tudo, como outros teóricos afirmaram. Se falhar, o povo tem direito à revolução. Locke muda, radicalmente, através de sua teoria, a idéia de que o direito do governante vem de Deus ou de uma instituição religiosa, contrapondo que vem da vontade popular. Esta idéia com certeza teve uma papel fundamental na construção da educação pública e da democracia moderna.

Locke foi o fundador do liberalismo constitucional, que concebe o Estado submetido a um contrato social, idéia que Rousseau elabora posteriormente, com visão diferenciada. Para Locke, o direito natural à propriedade, fruto do trabalho, é o fundamento do valor econômico vital deste trabalho, no que influenciará o liberalismo de Adam Smith (1723-1790). Também dividiu, na teoria, os poderes em dois: Legislativo e Executivo, necessários para garantir a validade da lei e a ausência de tirania.

Até a época em que atuou, foi o filósofo moderno com opiniões mais bem definidas sobre questões políticas, filosóficas e pedagógicas. Bacon fez sugestões. Hobbes estava desacreditado. Locke fez a ponte entre Descartes e o que viria a ser o Iluminismo. Influenciou vários filósofos modernos, inclusive Rousseau, que partiram de sua filosofia empírica, ou semiempírica, pois admite a existência do sobrenatural. Era racionalista, mas acreditava na revelação divina. Argumentava que a existência de Deus podia ser provada racionalmente.

2. NICOLAU MAQUIAVEL

O Príncipe,[30] a obra mais famosa de Maquiavel (1469-1527), escrita de 1513 a 1516, foi publicada postumamente em 1532. A obra reflete seus conhecimentos da arte política dos antigos, bem como dos estadistas de seu tempo,[31] e expressa claramente a mentalidade da época. Formulando uma série de con-

30. Série Clássicos Edipro, Bauru, SP, 2ª ed., 1999, trad. de Lívio Xavier.

31. Maquiavel atuava como diplomata ou representante de Florença em outros Estados. (*N.R.*)

selhos ao príncipe, o autor procura sugerir/impor uma ação autoritária, no interesse do Estado. Deste modo, Maquiavel ilustrou a política renascentista de constituição de Estados fortes, com a superação da fragmentação do poder, que caracterizara a Idade Média (basicamente constituída de feudos, que seriam pequenos Estados em si, mas dispersos).

Ele trata de um assunto que se estende por grande parte da obra: os *principados*. Vale ressaltar a definição de Estado segundo Maquiavel: "...todos os governos que tiveram e têm autoridade sobre os homens... e são ou repúblicas ou principados..." (Capítulo I). Em seguida, o autor propõe-se a examiná-los com profundidade, de acordo com suas características, inicialmente os hereditários e os mistos. Segundo ele os hereditários são os que mais permanecem fortes, pois são baseados numa linhagem.

Maquiavel deixa bem claro que o ponto central de apoio a um novo Estado dominante é que os povos dominados (e também seus vizinhos) o apóiem. Aliás, na questão das leis, o autor dedica um capítulo da obra para tratar apenas desse assunto, apontando a maneira com que se deve governar as cidades ou principados que, antes da conquista, tinham leis próprias.

É interessante notar a maneira um tanto cruel com que ele expõe a táticas para a dominação, como, por exemplo, quando Maquiavel propõe a maneira como devem fluir as injúrias ao povo, segundo ele "...todas de uma só vez, para que, durando pouco tempo, marquem menos.." ou o cinismo quando diz que os benefícios ao povo devem ser proporcionados: "...pouco a pouco, para serem melhor saboreados...".

Depois da discussão a respeito dos principados, o autor entra em uma parte que pode ser considerada intermediária na obra. Discorre sobre as milícias e exércitos, os quais afirma serem as bases principais de sustentação do poder, ao lado de boas leis, e ambos têm uma forte ligação entre si.

Depois da discussão das milícias, Maquiavel inicia a terceira e última parte de sua obra: a discussão sobre como devem ser as características da personalidade dos príncipes. Da leitura do texto, se conclui que os príncipes não devem tentar reunir todas as qualidades consideradas boas, mas sim, se concentrar em absorver aquelas que lhe garantam a manutenção do Estado. Mas a questão a qual o autor mais se atém é que o príncipe deve evitar de todas as maneiras adquirir duas coisas: o ódio e o desprezo de seus súditos.

Dentre as qualidades apontadas estão a generosidade, que deve se balanceada pela parcimônia, a economia. O príncipe deve ser generoso, mas não muito, pois pode-se adquirir má fama entre aqueles que não forem beneficiados por esta generosidade, além de atentar para o detalhe de que geralmente, quando alguém ganha, outros perdem, e isso pode gerar o ódio ao príncipe, o que deve ser evitado a qualquer custo. Tão contraditórias quanto as características apontadas acima estão a crueldade e a piedade. Aliás, as considerações a este respeito fizeram boa parte da fama de Maquiavel, com suas afirmações em relação a ser temido ou amado. Ele afirma que, na impossibilidade de reunir ambas as características, ou de ter que renunciar a uma delas, é melhor ser temido, pois trair a alguém a quem se teme é bem mais difícil do que a quem se ama. No entanto, ao passo que não se conquista o amor, deve-se evitar o ódio, respeitando os bens e as mulheres dos súditos.

Por fim, Maquiavel escreve outras diversas considerações, que poderiam ser consideradas apêndices, a respeito de vários assuntos que cercam o príncipe. Entre eles, há considerações sobre a utilidade de fortalezas e outras coisas cotidianas, secretários, aduladores, influências da fortuna sobre os homens e considerações a respeito da Itália.

O livro é uma verdadeira aula de como proceder para assumir e manter o poder.

a) "Os alicerces dos Estados são as boas leis e boas armas."

Esse pensamento de Maquiavel continua atual. As boas leis determinam um respeito de certa forma interno, dos seus cidadãos. As boas armas lhe dão o respeito externo.

Exemplo 1: *A Índia e o Paquistão testaram recentemente suas bombas atômicas. Com isso demonstraram que as pos-*

suem, o que causou um desconforto nos EUA, já que esses países são controlados por religiões não muito "racionais". Os EUA temiam que a qualquer momento o governo desses países se enfurecesse com algo e detonasse uma dessas bombas.

Exemplo 2: *Os EUA, grandes líderes e donos do mundo apresentam as duas características perfeitamente desenvolvidas: boas leis e boas armas. Por isso são um dos países que domina o mundo.*

Conclusão: O Brasil não apresenta nenhuma das características acima e portanto o respeito interno e externo é praticamente nulo. E por isso quando se falar em respeito que o Brasil tem no exterior, ria, pois é tudo balela da imprensa manipulada pelo governo.

b) "Quem engana sempre encontra quem se deixa enganar."

Existem vários exemplos dessa afirmação. Mas vamos nos ater a exemplos simples poupar confusão. Existem vários *contos do vigário*... A própria mágica não deixa de ser uma enganação, ainda que saborosa.

c) "Um governante deve contentar os soldados e o povo."

Getúlio Vargas, na sua fase populista conseguiu contentar o povo a não aos militares. Com isso perante o povo era tido como o pai dos pobres, mas perante os militares era um empecilho. E ele sabiamente se retirou do poder (suicidou-se) antes que os militares o retirassem.

Já F.H.C. conseguiu contentar a gregos e troianos. Assim teve um primeiro mandato em paz e conseguiu se reeleger sem segundo turno.

2.1. O Estado segundo Maquiavel

Nicolau Maquiavel (1469-1527), foi escritor, diplomata e pensador político, nascido e falecido em Florença. De origem relativamente modesta, conseguiu fazer carreira pública, após a expulsão dos Médicis, em 1494. Executou missões junto a diversos Estados italianos, progredindo rapidamente em sua carreira. Embora nunca fosse nomeado oficialmente embaixador, dirigiu freqüentemente negociações de grande responsabilidade. As obras de Maquiavel foram, a princípio, bem recebidas, mas durante o período agitado que se seguiu à Reforma incorreram na reprovação de ambas as partes em luta. Em 1559, o pontífice incluiu-as no *Index*. Por outro lado, denegridas sistematicamente, aquelas obras passaram a ser consideradas, nos países mais diversos, expressão do cinismo político, advindo daí o sentido pejorativo dos termos *maquiavélico* e *maquiavelismo*.

Breve análise de *O Príncipe:* o autor emprega a palavra Estado já com o sentido que hoje possui, e as expressões encontradas no Direito Romano, *Status rei publicae*, *ad statum rei romanae spectat* - seriam a origem remota da palavra Estado para caracterizar a "*sociedade politicamente organizada*". Maquiavel inaugura o termo com este sentido ao afirmar em *O Príncipe* - "*...todos os Estados que conhecemos ou são Repu-blicas ou Principados.*"

3. RELAÇÕES E DIFERENÇAS ENTRE AS TEORIAS DOS JESUÍTAS, LOCKE E ROUSSEAU NA FORMAÇÃO DA PEDAGOGIA MODERNA

O humanismo cristão, como vimos, foi o modo de expressão próprio do ser humano, a *educação das almas* entendida como formação do homem para uma vida cristã, como era o princípio básico da educação dos jesuítas em seu método *ratio studiorum*. Na questão filosófica, era seguida a teoria de Aristóteles e São Tomás. O objetivo dos jesuítas, fundados por um ex-militar, Inácio de Loyola, no século XVI, era formar bons soldados da igreja de Roma, principalmente para combater o protestantismo, ou seja, converter os pagãos. A idéia era de que os alunos deveriam passar por uma *reciclagem* intelectual e *científica*, para combater os vícios e os pecados, incluindo programas de aprofundamento das matérias escolares.

Este ensino não seria para todos. Era elitista ou aristocrático. A partir da oficialização da Companhia, *ensinar os ignorantes a ler e a escrever passa a ser uma obra de caridade* e portanto, a preocupação básica no início da Ordem se dirigia àqueles que não detinham o poder econômico e político na Europa.

Mais adiante este ensino passa a ter um peso significativo dentro das monarquias européias, e que só é abalado com as novas idéias da modernidade.

3.1. A Crise da Igreja diante das Idéias Modernas

No Renascimento, independentemente das circunstâncias que o gerou, o pensamento humanista parece voltar-se para a vida política. No novo contexto histórico ressurge a mentalidade republicana, significando a ruptura com o sistema autoritário que sustentava o convívio social medieval, e este fato tem repercussões determinantes para a educação. Aquele universo bem ordenado, povoado de seres eternos e universais da educação cristã, podia muito bem legitimar a monarquia, mas não respondia mais à ontologia própria da vida civil. A República florentina, onde parecem ter sido gestadas as primeiras idéias da modernidade, já no século XVI, era consciente de sua particularidade e temporalidade, tinha de formular uma nova estrutura de inteligibilidade que irá disseminar em toda a Europa um novo pensar, que terá repercussões no pensamento pedagógico de influência aristotélico-tomista, particularmente em relação aos jesuítas.

Posteriormente, no século XVII, como vimos, Bacon e Locke atacarão vigorosa e diretamente o aristotelismo medieval, e conseqüentemente o pensamento tomista católico, que era o pressuposto básico para a educação jesuítica. Esta escola crítica de Locke, preservando-se as diferenças, foi seguida por Rousseau. A nova ciência conseguirá, definitivamente, substituir a cosmologia medieval por uma nova solução epistemológica. Mas foram os humanistas *leigos* que viveram a experiência histórica da ruptura com este esquema, que via o *mundo empírico* através do reflexo de um outro mundo, do qual ele derivava sua existência e inteligibilidade.

O rompimento destes pressupostos teóricos clássicos se concretiza na modernidade, gerando assim todo um novo pensar educacional. A resistência da Igreja em acatar as novas idéias ficava clara, ao mesmo tempo que os jesuítas eram dela excluídos, por acatar o novo pensamento humanista, conflitivo com as monarquias locais, e que rompia com a língua latina, base de todo o método *ratio studiorum,* particularmente na França.

Na idéia de comunicação, somada à idéia de participação, funda-se a estrutura epistemológica da experiência republicana, cujo aspecto central é a idéia de que a verdade alcançada através da totalidade dos seres particulares é superior àquela contemplada por um sábio, num universo de entes universais que fundamentava todo o pensamento educacional e o método pedagógico dos jesuítas.

Parece assim que o universal da república e da nova filosofia da educação é um universal encarnado: *ele existe na medida em que o cidadão consegue tornar os assuntos públicos*, portanto universais, em primeiro plano, em detrimento de seus interesses particulares. No exercício da virtude, de sua capacidade de pensar, decidir e agir em benefício do bem público, aqui o particular se funde com o universal.

Congruente com esta solução de equilíbrio entre *o particular antropocêntrico dos modernos e o universal teocêntrico ontológico dos aristotélicos,* a comunicação entre particularidades, principalmente com a influência de John Locke, é eleita como novo método filosófico de busca da verdade. A atividade política e educacional buscada em Locke, e posteriormente em Rousseau, funda então, essa nova concepção de saber, de acordo com a qual a racionalidade é o produto do exercício da inteligência e da virtude de todo o corpo social e não mais dos dogmas iluminados. O homem passa a ser aquilo que ele próprio escreve em sua mente, não mais um poço de *idéias inatas* imaginadas em outro mundo.

Naturalmente, isso favorecia o surgimento de um novo ideal de verdade. Desenvolve-se, a partir daí, a idéia de que o conhecimento e a educação não são frutos da contemplação extra-mundana do sábio, mas nascem e evoluem no jogo do convívio social, a partir do esforço conjunto, da troca e da comunicação. A razão natural se potencializa neste processo de afirmação da mundanidade, através de uma dinâmica que envolve a relação entre política, moral e educação, implicando que os métodos de investigação da realidade, inclusive os que se convencionou chamar de "*científicos*", não sejam meros instrumentos, isentos de uma *construção da realidade,* tampouco *descolados* da direção em que aponta a cultura num determinado momento. Por outro lado, a questão referente ao universal e ao particular, ao racional e ao empírico, parece ser meramente uma questão de ordem epistemológica. O que está em jogo é a própria organização da cultura, seus valores, sua organização sociopolítica, suas idéias e atitudes.

Não seria ousado afirmar que, com o humanismo, o homem descobre-se no tempo e confronta-se com sua dimensão mortal, diferente do teocentrismo da educação católica. Talvez Bacon estivesse certo quando associava o interesse do homem em assuntos civis à frustração de não encontrar os conhecimentos que possibilitariam o prolongamento da vida. Foi a consciência de que vivemos *neste mundo e para este mundo* que transferiu nossos parâmetros para a escala temporal; não se vive mais numa realidade educacional espelhada na hierarquia imutável do cosmos, de Deus às criaturas inferiores, nem se conhece mais na contemplação deste universo atemporal, composto pelas essências lógicas da filosofia aristotélica.

A república produz uma verdade que reconhece seu caráter histórico, portanto temporal, e sabe que sua própria estabilidade política depende da participação do cidadão, a cada momento, na construção social da verdade. Neste sentido, o saber e os pressupostos educacionais de Locke e Rousseau, são agora encarnados na história, produto das teorias e das práticas humanas de uma determinada época, que evolui no tempo. Isso muda tudo, principalmente o modo de ensinar dos jesuítas, e proporciona a decadência de um pensamento pedagógico imaginário e atemporal.

A relatividade da verdade, que, desde então, acompanhava as ciências humanas, particularmente na educação, e que incomodava muita gente, está explícita em duas das mais importantes áreas de estudo do humanismo: a *filologia* e a *retórica*. Ambas são tentativas de fundar a verdade nas possibilidades da comunicação intersubjetiva.

A retórica, particularmente da educação católica, tão criticada por Locke, sempre esteve mais viva ali onde se ergueram as repúblicas, pois parecia ser o meio mais adequado para se estabelecer a verdade neste mundo das sombras, sujeito a adaptar-se ao jogo da multiplicidade e da temporalidade, do qual participa a sociedade que assume os riscos de sustentar-se num projeto que dependa exclusivamente do exercício da virtude humana. Os humanistas não querem mais conhecer os esquemas da filosofia aristotélica, mas querem conversar com Aristóteles, entender realmente o que aquele ser humano de *carne e osso*, que viveu numa determinada cultura e num determinado tempo, disse.

Portanto, a perspectiva das ciências humanas durante o Renascimento era a de provar que a idéia aristotélica de que não é possível fazer ciência do particular estava errada, apresentando uma virada histórica radical na educação, e sendo a base de todo um novo pensar pedagógico, assim como do desenvolvimento de novos métodos para aquisição do conhecimento humano.

A filologia é o instrumento através do qual se torna factível esse diálogo com o passado, que, reconhecido como uma época irremediavelmente enterrada, é, por isso mesmo, passível de ser reconstruído em sua plenitude, tal como é. A consciência do fosso que separa o presente da antigüidade clássica, inexistente na Idade Média, altera profundamente as bases psicológicas da apreensão da história. O passado nas teorias de Locke e Rousseau passa, então, a ser visto a partir de uma distância fixa, condição indispensável para a separação entre sujeito e objeto na atividade cognitiva e, conseqüentemente, para a redefinição da qualidade de apreensão do próprio ato cognitivo. Parece surgir, aqui, a ambigüidade característica da atitude científica moderna e das ciências humanas, que marca também a educação, pois, em nome do interesse de aproximação com seu objeto, tem de separar-se dele para sempre por ser, também, parte do objeto pesquisado.

A aceitação de certos pressupostos da abordagem filológica da história resulta no exame crítico, à luz da razão, dos textos mais caros à tradição cultural do Ocidente. Mais grave do que relativizar a autoridade de Aristóteles, situando sua obra no contexto da cultura grega, foi situar e restabelecer, nas épocas e ambientes em que nasceram, os textos consagrados da mais antiga veneração, incluídos nas Sagradas Escrituras de todas as religiões. Não se trata apenas de um novo método de interpretação de texto, mas sim da criação das condições de possibilidade para a emancipação do presente em relação ao passado. O humanismo parece ser notável por sua paixão e submissão ao mundo clássico; esforça-se tanto para compreendê-lo em sua totalidade singular que acaba por liberar a cultura da autoridade milenar exercida pela tradição.

Há uma lógica em afirmar que quase a totalidade dos fenômenos culturais renascentistas teve como inspiração o passado. A idéia de um passado melhor, mais puro, mais nobre, mais sábio, mais virtuoso ou mais artístico, impulsionou o surgimento do humanismo, do hermetismo, da Reforma Protestante e da arte renascentista. De acordo com esse modelo de interpretação da história, o passado é representado como a Idade de Ouro que se foi degenerando progressivamente até o presente, quando é possível recuperar a grandeza do estágio inicial. Basicamente, este é o tradicional modelo cíclico de interpretação da história.

Mas sua utilização no Renascimento não teve um sentido tão tradicional. A intensificação do movimento de *volta à Antigüidade* teve como resultado um processo inverso, de superação da Antigüidade, dando margem à crença, sobre a qual veio a fundar-se a interpretação moderna da história, no contínuo progresso da cultura, ainda que, num primeiro momento, essa idéia se aplicasse apenas à área do conhecimento.

O evolucionismo, surgido no século XVI, e que influencia particularmente Rousseau, terá como ponto de partida esta emancipação do presente em relação ao passado. Se o humanismo cortou as linhas de continuidade, fundadas no conceito de autoridade, entre passado e presente, o pensamento evolucionista restabeleceu esta relação por meio da alteração no conceito de antigüidade e do deslocamento do exercício da autoridade. Antigüidade passa a ser, então, um conceito que se refere à época em que o mundo é antigo, e não àquelas que nós consideramos antigas *ordene retrogrado*, por uma computação para trás em relação a nós.

A separação entre o passado e o presente no pensamento humanista é isenta deste tipo de juízo de valor. Tudo que o filólogo diz é que a história é o lugar onde se manifestam as diferenças culturais, onde Locke descarta as idéias inatas; por essa concepção, a filosofia grega e a educação clássica são aspectos da singularidade destas culturas e só se tornam inteligíveis à luz do contexto cultural do qual fazem parte. Presa ao contexto cultural, a autoridade da antigüidade é *relativizada*: os elementos da cultura antiga são simplesmente bons em relação à totalidade daquela cultura; porém, a particularidade do presente pode exigir uma outra filosofia e uma outra pedagogia, resultado do empenho da filologia. Com isso, ganha terreno a crença de que conhecer é estabelecer diferenças, discriminar, proporcionando uma nova visão de totalidade.

4. AS DIFERENÇAS ENTRE A OBSERVAÇÃO EMPÍRICA DE LOCKE E A PERCEPÇÃO DEDUTIVA DE ROUSSEAU

Em que pese a influência do pensamento científico educacional de Locke em Rousseau, e elementos comuns no enfrentamento a uma ontologia aristotélico-tomista dos religiosos jesuítas, não se pode deixar de apontar algumas diferenças básicas entre os dois projetos.

A observação inspirada no pensamento de Locke parece garantir simplesmente a realidade; recorrer aos dados empíricos parece significar recorrer à própria realidade. No entanto, a observação através dos sentidos, por mais assegurada que esteja na prática das ciências modernas, merece ser analisada para que se consiga discernir o que, exatamente, é possível saber a partir dela. Pressupor só a observação como recurso metodológico seria insuficiente para o conhecimento e a pedagogia, em plena contradição com o espírito crítico moderno. A análise fenomenológica é capaz de focalizar a observação como tal e determinar-lhe a natureza só a partir da referida observação. Quando falamos sobre suas características, logo ressalta que dela já estamos fazendo uso, ou seja, ela é uma das funções básicas do processo cognitivo, não podendo ser transcendida. As características da observação e da percepção precisam ser encontradas não só através da experiência. Neste sentido, podemos observar como é possível, dentro do mundo que nos é imediatamente dado, distinguir um fator que se mostra como resultado da percepção sensorial. Uma cadeira, uma paisagem, uma planta, um cão e o próprio homem são objetos que têm uma manifestação imediata pela percepção.

A observação, enquanto percepção dos sentidos, oferece uma grande variedade e é uma constante sucessão de dados, apresentando a característica da multiplicidade, ou seja, a própria pluralidade dos sentidos e a variação inesgotável dentro de um determinado campo perceptual e, enfim, pela impossibilidade de repetir qualquer percepção. Esta não é atemporal, é sempre única e irrepetível, porque se processa num determinado momento que não volta. *Mesmo olhando duas vezes para o mesmo objeto as percepções são diferentes.* Tal característica já contradiz o preceito geral que considera o mundo como sólido e disponível, portanto a percepção como repetível, sendo essa fragilidade criticada posteriormente no postulado da teoria empírica que teve Locke como um dos mais ferrenhos defensores.

Em síntese, parece que Locke não conseguiu falar do estado de natureza e identificou a lei natural só como racional, colocando no estado de natureza idéias sociais, como Hobbes.

Estes autores influenciaram Rousseau, mas sua metodologia pedagógica já é diferente; para ensinar não bastam os fatos. No seu segundo discurso faz um apelo para ser ouvido. Fala de tempos distantes para reconhecer o tempo em que não havia individualismo. Busca a natureza quase esquecida, ignorada, no homem moderno. Na educação estuda a criança como criança, não como um adulto futuro para fundar sua pedagogia.

Usando a dedução e a sensibilidade interior, e não só os sentidos, como faz Locke, Rousseau faz de sua pedagogia uma viagem, trabalhando a imaginação. Para ele, é nos sentimentos que está o grande potencial. Rousseau imagina o homem nos primórdios em um estado de igualdade e liberdade. O homem natural tinha necessidades simples, era o mais organizado dos animais. A fertilidade da terra não mutilada oferecia provisões. Os animais elevavam seus instintos. O homem copiava e aprendia com os animais. O ser humano e seus filhos eram robustos, diz ele, pois a natureza selecionava os mais fortes, numa evidente antecipação do conceito de Darwin. O contato com a natureza e com os animas faz os homens corajosos. Tudo corre de maneira uniforme. Para Locke, deveríamos ensinar às crianças que o homem natural era um homem atrasado, ignorante, possuía o conhecimento, mas não o utilizava; o progresso o ajudaria a superar o atraso. Sua pedagogia funda-se na observação e nos sentidos, secundarizando a imaginação e os sentimentos, enquanto em Rousseau tais elementos são determinantes para uma razão onde a moral ocupa um lugar de destaque.

A diferença, portanto, entre Locke e Rousseau, é principalmente metodológica; indução científica *versus* dedução lógica, ou o que E. Cassirer chama de *Racionalismo ético de Rousseau* e o empirismo, ambos utilizados para tentar explicar o desconhecido.

5. A CRÍTICA DE ROUSSEAU AO ABSOLUTISMO DE LOCKE

É no campo político que fica mais claro o pensamento rousseauniano, quando ele critica o absolutismo e prefere a democracia com uma educação livre, sem a visão de um soberano que herde poderes divinos, como se limitava a acreditar tanto o pensamento tradicional da Igreja, quanto a moderna monarquia de Locke. Para Rousseau, a lei deveria ser igual para todos. Ninguém devia se pôr acima dela, nem pela tradição nem pela religião. Diferentemente de Locke, para ele os costumes, através de gerações, levavam à obediência passiva. A base para essa análise é a constatação de que o homem perdeu a liberdade original; a ordem social é um direito sagrado, não natural, e funda-se em convenções. sendo a família um dos mais antigos pilares. Esses tópicos estarão presentes no seu *Contrato Social,* que esboça seu ideal de sociedade moderna, e no *Emílio.*

Rousseau escreveu nas *Confissões* que a publicação de *Emílio* foi complicada, ao contrário da do *Contrato.* No *Emílio* ele fundamentou a construção de um novo homem livre. Já no *Contrato social* tentou mostrar qual o fundamento da ordem social que, segundo ele, não vem do direito natural, nem da força, nem da fé, mas de uma convenção, a que chamou de *pacto social*, para o qual todo homem deveria ser educado para constituir. O pensamento educacional de Rousseau parece ser todo voltado para a formação do cidadão, o que fica claro na elaboração dessa obra.

Na pátria ideal de Rousseau, os homens seriam educados e acostumados à independência, tornando-se dignos dela. O domínio da fronteira não seria motivo de guerra, e o direito de legislar seria comum a todos os cidadãos. No *Contrato social*, fala-se da figura do legislador, que deve representar a *vontade geral.*

Rousseau vê num rei, sagrado pela Igreja e seu povo, o senhor e seu escravo, pois o interesse de um só homem será sempre *interesse privado.* Os homens, para se conservarem, têm que se agregar e formar um conjunto de forças com um único objetivo.

Ao suprimir o poder privado do rei no *Contrato Social*, os bens são protegidos e a pessoa, unindo-se às outras, obedece a si própria, conservando a liberdade. *O pacto social* parece ser definido quando cada um de nós for capaz de colocar sua pessoa e sua potência sob a direção suprema da *vontade geral.* Sem soberanos, o povo é o soberano.

Na sociedade ideal de Rousseau, as pessoas públicas formariam a *República*, baseada na idéia platônica ou o Estado, quando passivas, e os soberanos, quando ativas. O povo soberano não pode violar o contrato, alienar qualquer porção de si mesmo e o corpo político não pode se submeter a outro soberano sem se auto-aniquilar. Com essa sociedade, quando se ofende um, ofende-se todo o corpo. O soberano não pode ter uma opinião contrária a todos, mas o indivíduo pode.

Parece que o objetivo do autor é mostrar que, na passagem do estado de natureza para o estado civil, o homem muda, pois o instinto é substituído pela justiça, e qualquer quebra do contrato, implica uma volta ao estado de natureza. O homem passa a ser moral e racional, com a mudança acarretando vantagens e desvantagens. Ganha a liberdade civil e a propriedade, mas perde a liberdade natural.

No que tange às leis, para ele elas são úteis àqueles que possuem bens, prejudicando os que nada têm. O Estado, em tese, existe para o bem comum, mas só a *vontade geral* pode dirigi-lo para esse fim.

A *vontade geral,* como vimos, é um ato de soberania, atende ao povo, por isso é lei. Esse é o princípio que deveria ser obedecido e ensinado em seu projeto educativo; quando tal não ocorre, o soberano é transformado em um ser pedante. Sobre isso no seu *projeto para a educação* nos diz:

> *...e quanto ao pedantismo, não é o estudo em si que o provoca mas a má disposição do indivíduo. Os verdadeiros sábios são educados, e são modestos, porque o conhecimento daquilo que lhes falta os impede de extrair vaidade*

daquilo que possuem, e são só os gênios pequenos e os semi-sábios que, pensando saber tudo, desprezam orgulhosamente aquilo que não conhecem.

Por outro lado, Locke mesmo com críticas ao absolutismo, distanciando-se da influência religiosa na educação e na política, não abre mão da figura do soberano monarca para que haja verdadeira liberdade.

Locke afirmava ser a desigualdade natural, *uns nascendo para governar, outros para serem governados*; da mesma forma haveria crianças nascidas para serem *gentis, cultas e* passíveis de receber educação, e outras, como já vimos, deveriam ser educadas para o trabalho pesado com uma educação profissional. Essa idéia, se contrapõe ao pensamento pedagógico de Rousseau que acredita que todos os homens nascem iguais, sendo o próprio homem que gera as diferenças, não a natureza.

Ceder, pois, à força não é um dever daquele que segundo Locke nunca poderia ser um *homem gentil*, já que a desigualdade surge com a força, que é materializada em direito, e nunca da natureza. Só somos obrigados a obedecer às potências legítimas. Se o estado de guerra nasce da relação das coisas e não das relações pessoais, a guerra é vista por Rousseau, como uma relação entre os Estados, não entre os homens.

6. A CRÍTICA DE ROUSSEAU ÀS RELIGIÕES

Não há nas obras de Rousseau nada específico sobre a educação dos jesuítas ou comentários sobre as escolas por estes dirigidas. No entanto, suas obras foram severamente criticadas pelos jesuítas de sua época.

Quanto à visão de Rousseau sobre as religiões, parece que seu ponto de vista era amplo, evidenciando-se sua discordância com Locke e seu conflito com a Igreja quando afirmava que o Deus de um povo não tem direito sobre outros povos, ou ainda que o *politeísmo* foi a primeira religião dos selvagens e a idolatria seu primeiro culto. Só puderam reconhecer um Deus único quando, generalizando sempre mais suas idéias, chegaram a poder remontar a uma causa primeira, a reunir o sistema total dos seres numa só idéia, e a dar um sentido à palavra substância, que é no fundo a maior das abstrações. Toda criança que crê em Deus é portanto necessariamente idólatra, ou pelo menos antropomorfista; e quando a imaginação viu Deus, é muito raro que a inteligência o conceba. Eis precisamente o erro a que leva a ordem de Locke.

Diferentemente de Locke, que entendia ser possível provar a existência de Deus pela razão, Rousseau acreditava não ser possível racionalizar essa existência. Para ele, a crença em um (ou mais) ser superior seria uma questão de fé ou da criação humana pela imaginação.

Quanto ao cristianismo, ele o vê sem relação com a política e parece criticar a hegemonia da Igreja Católica sobre a educação; esta característica o tornava um dos mais ferrenhos críticos das religiões.

Mas Rousseau partilha do Evangelho, por reconhecer a todos como irmãos, criticando o mau uso que fizeram dele. O cristianismo para ele seria totalmente espiritual, havendo um dualismo entre corpo e espírito, cabendo a Igreja cuidar do espírito não se preocupando com o Estado, se ia bem ou mal. Se a existência da divindade parecia ser um dogma positivo, a intolerância seria um dogma negativo. A menos que a Igreja fosse o Estado, não se podia afirmar que *fora da Igreja não havia salvação*.

7. A CONTRIBUIÇÃO DAS IDÉIAS POLÍTICAS DE ROUSSEAU À CONSTRUÇÃO DAS NOVAS CONCEPÇÕES DE "HOMEM MODERNO"

Muitos historiadores afirmam que o *Contrato Social* de Rousseau é a bíblia da Revolução Francesa e esta por conseguinte determina as mais radicais mudanças na formação das sociedades modernas. A concepção de igualdade política e igualdade social fica clara na obra contratualista de Rousseau, como nunca antes enfatizada e nela se introduzia a idéia de que todo cidadão deveria ter uma riqueza tal que não fosse forçado a se vender.

A novas idéias modernas têm uma marca muito especial do pensamento político de Jean-Jacques Rousseau, mais do que o de Locke ou de qualquer outro pensador da modernidade. Os regimes republicanos atuais se moldaram em grande parte nestas idéias. Porém é inegável que há desvios, principalmente no que se refere à concretização das vontades populares.

Por exemplo, no livro III do *Contrato Social*, Rousseau fala do governo como um corpo intermediário entre o súdito e o soberano. Seria uma administração suprema, em que o príncipe exerceria o poder executivo; os governantes, ou magistrados, não deveriam ser numerosos. Na pessoa do magistrado haveria três vontades diferentes: a do *indivíduo*, *a vontade comum dos magistrados* e *a vontade do povo*, que é a principal.

Quando o povo estatui algo para todos, forma-se uma relação. A matéria e a vontade do povo fazem o estatuto geral, e a isso Rousseau chama *lei.*

8. A REPÚBLICA PARA ROUSSEAU

A república é todo Estado regido por leis, o que pode incluir até uma monarquia. O povo submetido às leis deve ser o autor delas, mas precisa de um legislador que as crie tendo-o como parâmetro. Porém, ele admite ser tarefa difícil encontrar um bom legislador.

Nas sociedades atuais a *vontade geral* a que se referia Rousseau ficou relegada a segundo plano, pois o poder passou a ser determinado pela representação política institucional exercida principalmente por aqueles que defendem os interesses da propriedade, e não pela ação direta de todo o cidadão.

Podemos assim deduzir do pensamento de Rousseau que para um povo manifestar sua vontade sem a coação institucional, é necessária a construção do *eu* natural que se dá pela educação sem a parcialidade científica e isenta da influência da fé. Portanto, há uma firme convicção de que a essa deve proporcionar um *eu* natural, que não sou eu, mas o mais fraco eu dos outros, sem se submeter a nenhuma divindade. O homem é oprimido pelas contradições da sociedade e afastado da natureza. Mas pode *buscar a sociedade da natureza para meditar sobre a natureza da sociedade.*

Rousseau foi contra o egoísmo humano que separa o homem da natureza, considerando-se superior a ela, o que nos leva a pensar que Rousseau não era antropocêntrico como Locke, muito menos teocêntrico como os jesuítas.

9. OS PENSADORES DIVERGENTES

Karl Marx[32] chega a afirmar que o Estado é produto da sociedade, embora não sendo o representante dela, sociedade. Idealismo - doutrina, concepção ou sistema filosófico, que tem como base, realidade ou importância primeira, o espirito. "*Nada existe, senão no nosso espirito*", Berkeley. Os principais filósofos e argumentadores deste sistema (completamente inaceitável nos nossos dias) foram: Platão, Berkeley, Kant, Fichte, Hegel, sendo que este último já não tem muito a visão metafísica do mundo; tem como visão a dialética. Mas temos que lembrar, que, se Hegel é um filósofo idealista, aplicava a dialética ao espirito, preocupava-se com a mudança do espirito. Para os idealistas, a realidade subjetiva é o mais importante. O socialismo científico foi desenvolvido no século XIX por Karl Marx e Friedrich Engels. Recebe também, por motivos óbvios, a denominação de socialismo marxista. Ele rompe com o socialismo utópico por apresentar uma análise crítica da realidade política e econômica, da evolução da história, das sociedades

32. Vide Marx, Karl e Engels, Friedrich. *Manifesto do Partido Comunista*, edição comemorativa dos 150 anos, Série Clássicos Edipro, Bauru, 1998, trad. Equipe Edições Progresso, Moscou. E, *O Capital*, edição condensada, trad. de Gabriel Deville, Série Clássicos Edipro, Bauru, 1998.

e do capitalismo. Marx e Engels enaltecem os utópicos pelo seu pioneirismo, porém defendem uma ação mais prática e direta contra o capitalismo através da organização da revolucionária classe proletária. Para a formulação de suas teorias Marx sofreu influência de Hegel e dos socialistas utópicos ou jovens hegelianos, entre eles Feuerbach, Bauer e Stirner.

9.1. Infraestrutura e Superestrutura

Segundo Marx a *infraestrutura*, modo como tratava a base econômica da sociedade, determina a *superestrutura* que é dividida em ideológica (idéias políticas, religiosas, morais, filosóficas) e política (Estado, polícia, exército, leis, tribunais). Portanto a visão que temos do mundo e a nossa psicologia são reflexo da base econômica de nossa sociedade. As idéias que surgiram ao longo da história se explicam pelas sociedades nas quais seus mentores estava inseridos. Elas são oriundas das necessidades das classes sociais daquele tempo.

9.2. Dialética

A dialética se opõe à metafísica e ao idealismo por completo. Engels e Marx *tomam o "núcleo racional" de Hegel, mas rejeitam a sua parte idealista imprimindo-lhe um caráter científico moderno.*

O modo dialético de pensamento pondera que nenhum fenômeno será compreendido se analisado isoladamente e independente dos outros. Eles são processos e não coisas perfeitas e acabadas; estão em constante movimento, transformação, desenvolvimento e renovação e não em estagnação e imutabilidade. O mundo não pode ser entendido como um conjunto de coisas pré-fabricadas, mas sim como um complexo de processos. Estes estão em três fases: tese, antítese e síntese. Pela contradição da duas primeira (tese e antítese) surge a terceira (negação da negação) que representa um estágio superior. Esta, por sua vez, será negada, surgindo uma nova síntese e assim por diante. É importante lembrar que a antítese não é a destruição da tese, pois se assim fosse não haveria progresso.

O processo de desenvolvimento resultante com a anterior acumulação de mudanças quantitativas apresenta evidentes mudanças qualitativas. Assim, vemos que o desenvolvimento não segue um movimento circular, mas sim progressivo e ascendente, indo do inferior ao superior.

9.3. Luta de Classes

A história do homem é a história da luta de classes. Para Marx a evolução histórica se dá pelo antagonismo irreconciliável entre as classes sociais de cada sociedade. Foi assim na *escravista* (senhores de escravos - escravos), na *feudalista* (senhores feudais - servos) e assim é na *capitalista* (burguesia - proletariado). Entre as classes de cada sociedade há uma luta constante por interesses opostos, eclodindo em guerras civis declaradas ou não. Na sociedade capitalista, a qual Marx e Engels analisaram mais intrinsecamente, a divisão social decorreu da apropriação dos meios de produção por um grupo de pessoas (burgueses) e outro grupo expropriado possuindo apenas seu corpo e capacidade de trabalho (proletários). Estes são, portanto, obrigados a trabalhar para os burgueses. Os trabalhadores são economicamente explorados e os patrões obtêm o lucro através da mais-valia.

9.4. Alienação

O capitalismo tornou o trabalhador *alienado*, isto é, separou-o de seus *meios de produção* (suas terras, ferramentas, máquinas, etc.). Estes passaram a pertencer à classe dominante, a burguesia. Desse modo, para poder sobreviver, o trabalhador é obrigado a alugar sua *força de trabalho* à classe burguesa, recebendo um salário por esse aluguel. Como há mais pessoas que empregos, ocasionando excesso de procura, o proletário tem de aceitar, pela sua força de trabalho, um valor estabelecido pelo seu patrão. Caso negue, achando que é pouco, uma exploração, o patrão estala os dedos e milhares de outros aparecem em busca do emprego. Portanto é aceitar ou morrer de fome. Com a alienação nega-se ao trabalhador o poder de discutir as políticas trabalhistas, além de serem excluídos das decisões gerenciais.

9.5. Mais-Valia

Suponha que o operário leve 2h para fabricar um par de sapatos. Nesse período produz o suficiente para pagar o seu trabalho. Porém, ele permanece mais tempo na fábrica, produzindo mais de um par de sapatos e recebendo o equivalente à confecção de apenas um. Numa jornada de 8 horas, por exemplo, são produzidos 4 pares. O custo de cada par continua o mesmo, assim como o salário do proletário. Com isso ele trabalha 6h de graça, reduzindo o custo e aumentando o lucro do patrão. Esse valor a mais é apropriado pelo capitalista e constitui o que Marx chama de *Mais-Valia absoluta*. Além de o operário permanecer mais tempo na fábrica o patrão pode aumentar a produtividade com a aplicação de tecnologia. Com isso o operário produz mais, porém seu salário não aumenta. Surge a *Mais-Valia relativa*.

custo de 1 par de sapatos na jornada de trabalho de 2 horas	custo de 1 par de sapatos na jornada de trabalho de 8 horas
GASTOS DO PATRÃO	GASTOS DO PATRÃO
meios de produção = R$ 100,00	meios de produção = R$ 100,00 x 4 = R$ 400,00
salário = R$ 20,00	salário = R$ 20,00
TOTAL = R$ 120,00	TOTAL = R$ 420,00 ÷ 4 = R$ 105,00

Assim, o par de sapatos continua valendo R$ 120,00 mas o custo do patrão caiu em R$ 15,00 por par produzido. No final da jornada de trabalho o operário recebeu R$ 20,00 porém rendeu o triplo ao capitalista. É a exploração capitalista. É fato.

9.6. Materialismo Histórico

Para Marx a raiz de uma sociedade é a forma como a *produção social de bens* está organizada. Esta engloba as *forças produtivas* e as *relações de produção.*

As *forças produtivas* são a terra, as técnicas de produção, os instrumentos de trabalho, as matérias-primas e o maquinário. Enfim, as forças que contribuem para o desenvolvimento da produção.

As *relações de produção* são os modos de organização entre os homens para a realização da produção. As atuais são capitalistas, mas como exemplo podemos citar também as escravistas e as cooperativas.

No processo de criação de bens estabelece-se uma relação entre as pessoas. Os capitalistas, donos dos meios de produção (máquinas, ferramentas, etc.), e o proletariado, que possui apenas sua força de trabalho, estabelecem entre si a *relação social de trabalho.* À maneira como as forças produtivas se organizam e se desenvolvem dentro dessa relação de trabalho Marx chama de *modo de produção.* O estudo deste é fundamental para a compreensão do funcionamento de uma sociedade. A partir do momento que as *relações de produção* começam a obstaculizar o desenvolvimento das *forças produtivas,* criam-se condições para uma revolução social que geraria novas *relações sociais de produção,* liberando as *forças produtivas* para o desenvolvimento da produção.

9.7. O Último Estágio

Marx afirma que a história segue certas leis imutáveis à medida que avança de um estágio a outro. Cada estágio caracteriza-se por lutas que conduzem a um estágio superior de desenvolvimento, sendo o comunismo o último e mais alto. A chave para a compreensão dos estágios do desenvolvimento é a relação entre as diferentes classes de indivíduos na produção de bens. Afirmava que o dono da riqueza é a classe dirigente porque usa o poder econômico e político para impor sua vontade ao povo, jamais abrindo mão do poder por livre e espontânea vontade e que, assim, a luta e a revolução são inevitáveis.

Para Marx, com o desenvolvimento do capitalismo, as classes intermediárias da sociedade vão desaparecendo e a estrutura de classes vai polarizando-se cada vez mais. A alienação e a miséria aumentam progressivamente. Com o auxílio dos partidos dos trabalhadores o proletariado vai tornando-se cada vez mais consciente de sua luta e de sua existência como classe revolucionária. Portanto, esses partidos não teriam o papel de apenas ganhar votos e satisfazer interesses pessoais, mas sim de educar e alertar os trabalhadores.

A perspectiva internacional assumirá maior importância, em detrimento do nacionalismo exacerbado. Mais cedo ou mais tarde a revolução proletária terá êxito, com as condições objetivas e a disposição subjetiva coincidindo. Com as sucessivas crises econômicas do capitalismo, suas crises vão se agravando e aproximando-o da crise final.

A sociedade pós-capitalista não foi inteiramente definida por Marx. Dizia ele que tal discussão seria idealista e irrealista. Ponderou apenas que após a revolução instalar-se-ia uma ditadura do proletariado. As empresas, fábricas, minas, terras passariam para o controle do povo trabalhador, e não para o Estado, como muitos pensam e como líderes pseudo comunistas fizeram. A propriedade capitalista se extinguiria. A produção não seria destinada ao mercado, mas sim voltada para atender às necessidades da população. O *socialismo*, como essa fase é denominada, deve ser profundamente democrático. O Estado iria naturalmente dissolvendo-se. Porém Marx ressalta: "*trazendo as marcas de nascimento da velha sociedade, a sociedade recém-nascida será limitada, sob muitos aspectos, pelos legados da velha sociedade capitalista*".[33] Após o socialismo, uma fase superior se desenvolveria: o *comunismo*. O Estado desapareceria definitivamente, pois seu único papel é manter o proletariado passivo e perpetuar sua explora-

33. Marx, Karl e Engels, Friedrich. *Manifesto do Partido Comunista*, edição comemorativa dos 150 anos, Série Clássicos Edipro, Bauru, 1998, trad. Equipe Edições Progresso, Moscou.

ção. A distinção de classes também deixaria de existir, todos seriam socialmente iguais e homens não mais se subordinariam a homens. A sociedade seria baseada no bem coletivo dos meios de produção, com todas as pessoas sendo absolutamente livres e finalmente podendo viver pacificamente e com prosperidade.

9.8. Materialismo

Sistema filosófico que tem como base, importância ou realidade mais importante a *matéria*. O materialismo não conseguiu se desenvolver muito na antigüidade, devido aos conhecimentos insuficientes das ciências. A história do materialismo se divide em pré-marxista e marxista. Se o idealismo é uma forma mais apurada e refinada da religião, e esta nasceu da ignorância do homem, dos conhecimentos insuficientes do homem, o materialismo surgiu para combatê-lo. Na antigüidade grega, Heráclito, Demócrito, Leucipo, Epicuro, Tales foram as grandes correntes de pensamento do materialismo. Infelizmente o materialismo dialético não se desenvolveu naquela época, porque suas teorias foram executadas *a priori*. Mas muito mais tarde, na Grã-Bretanha, o materialismo consegue se desenvolver com Francis Bacon (1561-1626).[34] Mas o mais importante deste período, foi John Locke, que afirmou que só podemos saber se uma coisa existe mediante experimentação. Surge então o método experimental inglês (dizer *experimentalismo* para nós marxistas, é inconcebível, pois não queremos nos misturar com a burguesia). À medida que o materialismo ia se desenvolvendo na Inglaterra, começa também a se desenvolver em França com a corrente cartesiana. Surge então um tipo de materialismo bem mais desenvolvido, o *Iluminismo* ou o materialismo do século XVIII. Esta foi sem dúvida a época de ouro da filosofia, pois foi a doutrina que preparou a revolução francesa que eclodiu no século XVIII em 1789.[35]

---

34. *Novum Organum*, Nova Cultural, Os Pensadores, 1984, trad. de José Aluysio Reis de Andrade.

35. Optou-se aqui por uma classificação dualista da história da filosofia: correntes idealistas/correntes materialistas. Entretanto convém notar que se trata apenas de uma divi-

O que o brilhante pensador Karl Marx fez, foi tomar esta corrente da filosofia, modernizá-la, introduzir conceitos práticos e juntá-la à filosofia de Ludwig Feuerbach e Hegel. Formou-se então o pensamento marxista que floresceu no século XIX, percorre o século XX e percorrerá o século XXI.

9.9. Conclusão Final

Pode-se dizer que o idealismo foi importante para o desenvolvimento de novas correntes filosóficas mais avançadas, pois, pensadores como Hegel, que era idealista, deram enorme contribuição ao desenvolvimento do materialismo dialético teorizado por Marx e Engels, pois já tinha uma concepção dialética (ainda que um pouco rudimentar) que só precisou ser modernizada.

Então o idealismo na sua época era considerado avançado, ainda que calcado em pressupostos religiosos.

10. DIREITOS ESSENCIAIS DO HOMEM

a) Direito à vida, à propriedade, à expressão de pensamento, à locomoção, etc.

b) Os direitos individuais estão atrelados à função das condições peculiares de cada período histórico, ou cada época da sociedade humana.

c) Igualdade civil: igualdade de todos perante a lei.

d) Liberdade civil: direito de exercer atividade física, intelectual e moral, (direito de ir e vir, de não ser detido arbitrariamente, direito à propriedade, à liberdade religiosa, liberdade de opinião, liberdade de associação, etc.

e) Liberdade política: direito do cidadão em tomar parte no exercício do governo, votar e ser votado.

---

são básica, pois como o idealismo tem várias subdivisões distintas (o idealismo platônico se distingue do kantiano, este do hegeliano, etc), ocorre o mesmo com o materialismo (termo genérico empregado para indicar movimentos tão diferenciados como o fisicismo dos pré-socráticos, o sensualismo, o empirismo, o hedonismo, o utilitarismo, o humanismo, o ceticismo, o racionalismo e o existencialismo). Pretendeu-se aqui polarizar o *princípio* que norteia as duas divisões básicas, ou seja a *idéia* e a *matéria*. (*N.R.*)

CAPÍTULO VI

ESTADO E PODER

1. CONCEITO DE ESTADO

O Estado é a entidade jurídico-social soberana, constituída pelo povo, sob governo exercido sobre espaço delimitado. Visto como instituição, compreende os elementos fundamentais indicados: *a)* povo, *b)* território, *c)* governo, *d)* cidadania, e *e)* soberania.

Povo e espaço delimitado (território) são realidades físicas, sem cuja existência não se pode falar em Estado. É possível também existir povo sem Estado (os judeus antes da existência de Israel), os palestinos, os curdos, etc.

2. POVO

É o conjunto das pessoas subordinadas ao mesmo ordenamento jurídico, providas de capacidades para exercerem os direitos deste decorrente, ou de serem por ele garantidas.

3. TERRITÓRIO

É a base física sobre a qual se incide o ordenamento jurídico. Contém o povo e sobre ela o governo exerce autoridade. O território compreende a superfície, o subsolo, o espaço aéreo, o mar territorial, as possessões fora do território continuo, as embaixadas, os navios e aviões de guerra.

4. CIDADANIA

Possibilidade de exercício dos direitos civis, de acordo com a lei, sendo um dos fundamentos da nação. A cidadania tem um pressuposto biológico natural: o fato de alguém ter que nascer no território, e submetido à ordem jurídica deste, o integra no povo como cidadão. Pode ter também pressuposto jurídico: a adoção da cidadania por uma das formas possíveis de naturalização.

Cidadão é pessoa natural portadora de direitos. O conjunto de seus direitos é a Cidadania.

5. GOVERNO

É o aparelho administrativo do Estado, em todos os níveis, provido de autoridade, à qual se subordinam as pessoas e as entidades menores, integradas no mesmo ordenamento. Sem autoridade na há governo, mas é necessário que a autoridade seja criada e utilizada na forma da lei, por escolha do povo. No Estado democrático o governo conduz, como fato e como direito, os negócios do Estado em nome do Povo, o modo pelo qual o organismo de Estado se estrutura para realizar suas funções e a forma (no sentido estático e no sentido dinâmico) de governo.

6. SOBERANIA

É o poder absoluto e originário de governo exercível, em nome do povo, pelo Estado, com independência, segundo suas próprias leis.

A soberania corresponde ao exercício efetivo de todos os poderes inerentes à personalidade jurídica do Estado e ao exercício da autoridade, impondo seu ordenamento jurídico sobre todo o território e demais áreas. Manifesta-se objetivamente pelo processo legislativo e pela aplicação da lei sem interferência de outro Estado, com independência de decidir tanto no que tange à administração quanto no que tange ao judiciário.

7. A AUTORIDADE E A LIBERDADE NO ESTADO MODERNO

A *autoridade* é o elemento essencial do Estado. A legitimação do Estado é feita através do consentimento da consciência social.

A *liberdade* é o elemento natural e necessário à formação da sociedade. *Liberdade* é a condição essencial à vida da pessoa humana. Uma condiciona a outra. É necessário então que se crie limites para o exercício da autoridade do Estado, e para o gozo da liberdade individual. Traçar esses limites é função precípua do Direito Constitucional.

"Pouco importa o conceito que tenhamos de Estado, basta que vejamos nele a personificação jurídica da coletividade, ou seja, o produto de diferenciação entre governantes e governados."[36]

O mundo antigo não conheceu as liberdades individuais. No mundo moderno é que o homem conquistou este direito. Ainda hoje é sério e deveras complicado, criar dentro das Constituições limites justos à soberania do Estado e à liberdade do cidadão.

---

36. Dallari, Dalmo de Abreu, *in Teoria Geral do Estado*.

8. A QUESTÃO DA AUTORIDADE

Para analisarmos melhor, imagine-se diante de um grande sábio, cuja opinião acatamos livre e voluntariamente porque se trata de um poder que acabamos de reconhecer. Trata-se portanto, não de uma relação de força, mas de uma relação de autoridade, porque submetemos nossa opinião a desse sábio e a aceitamos voluntariamente, pois reconhecemos neste sábio a capacidade de exercer sobre nós uma influência. Em outro caso podemos dizer que existe uma outra maneira de instituir a autoridade. Um policial exerce uma autoridade baseada na relação entre força e violência, portanto reserva-se o direito ao monopólio da coerção, pois este monopólio é utilizado de acordo com algumas normas reconhecidas e conhecidas. Em outras palavras, a relação não é de pura força nem de pura autoridade, e estas normas são reconhecidas e conhecidas como as leis de uma sociedade.

9. ORIGEM DO PODER

Todos os homens são iguais quanto à sua natureza, porém existem aqueles que mandam nos outros.

Em que se fundamenta esse direito de mandar e comandar? Por que a autoridade pode impor normas e exigir coercitivamente o seu cumprimento?

Afinal qual a origem do Poder?

Podemos analisar estes questionamentos através de duas razões:

a) o poder quanto à sua essência, e

b) o poder considerado como fato social, na sua gênese histórica.

10. O PODER QUANTO À SUA ESSÊNCIA

A autoridade é elemento indissociável da sociedade, porque é indispensável um poder superior aos dos indivíduos e dos grupos sociais, para que se possa ser provido o bem comum da sociedade.

O poder é resultante da idéia de sociedade, porque o homem jamais viveria a não ser em estado social. Assim para que haja sociedade organizada é necessário haver poder. Se o poder decorre então da sociedade, por sua vez é decorrente da natureza do ser humano, vivendo o homem em sociedade, o poder é essencial.

O poder, então, seria o corpo constituído, que numa sociedade, detém a autoridade. Decorre dizer que alguns pensadores consideram o poder como sendo dádiva divina, outros na antigüidade, que não conheceram o cristianismo, como Platão, Aristóteles, etc., não tinham fé mas admitiam a existência de Deus filosoficamente.[37] Não é verdade que a idéia de Deus suponha necessariamente o conceito da fé.

Anaxágoras (428 a.C.) filósofo, geômetra, astrônomo, que teve Péricles, Temístocles, Demócrito, Empedócles e Eurípedes como discípulos, ao contemplar a ordem universal, afirmou: "...deve haver uma inteligência suprema ordenadora, para explicar a ordem universal".

Portanto, admitindo-se a existência de Deus e que o homem foi criado para viver em sociedade, impossível seria deixar de admitir que todo poder vem de Deus, ou seja, o que viria de Deus seria a Soberania e não o soberano, com o que, a concepção teocrática sobre a origem do poder seria explicada.

11. O PODER QUANTO À SUA GERAÇÃO TEÓRICA

Se o poder considerado em si mesmo, vem de Deus, não vem de Deus quanto à sua posse, nem quanto ao seu exercício, nem quanto à sua forma. O homem sempre estará sujeito

37. Estes filósofos, paralelamente à religião politeísta oficial formularam filosoficamente concepções próprias da Divindade. Ver diálogo *Timeu*, onde Platão expõe a concepção do Δημιουργοζ (*Demiurgo*) e *A Metafísica*, onde Aristóteles, através dos conceitos de δυναμιζ (*potência*) e ενεργεια (*ato*) chega ao conceito de Ato Puro. (*N.R.*)

a um tipo de poder, no entanto ele é livre para escolher a forma de designação dos governantes. Assim, quanto à posse, ao exercício e à forma, o poder dependerá das circunstâncias naturais ou históricas, e da própria liberdade de escolha.

A geração histórica de poder pode ser esquematizada para efeito de estudo da seguinte maneira:

a) Monarquia do direito divino (rei designado por Deus para exercer o poder).

b) O rei quer, a lei quer:

— soberania Inalienável do povo (J.-J. Rousseau);

— soberania alienável do povo (F. Suarez).

c) Taparelli, Vareilles-Sommières e Bigne de Villeneuve, absolutismo monárquico:

— concepção teocrática;

— monarquia do direito divino;

— direito divino dos reis.

d) Soberania inalienável do povo.

A doutrina da soberania do povo de J.-J. Rousseau resulta de pressupostos da filosofia política, ou seja, "no estado primitivo em que o homem viveria fora de uma sociedade, todos seriam livres e iguais, assim sendo não há razão para que alguém detenha o poder. Conseqüentemente, o poder deve pertencer a todos. A soberania do povo, ou seja, *a manifestação da vontade geral*. Rousseau não admite a democracia indireta, não admite representantes eleitos, pois o povo só continuaria livre em uma democracia direta.

12. TEORIA DA DIVISÃO DOS PODERES NO ESTADO

Montesquieu (Charles de Secondat, Barão de Montesquieu, jurista e filosofo francês, 1689-1755, autor de *Do Espírito das Leis*), elaborou uma teoria completa da divisão dos poderes e a difundiu por toda a Europa, vindo a constituir um dos maiores fatores na organização dos Estados modernos. Nesta sua obra, que é um tratado político, depois de estudar várias Constituições, Montesquieu lança as bases de sua doutrina e justifica-a com vários argumentos.

"Em todo Estado, há três espécies de poderes, o Poder Legislativo, o Poder Executivo das coisas que dependem do direito das gentes, e o Poder Executivo daquelas que dependem do direito civil. Pela primeira o príncipe ou magistrado faz as leis para algum tempo ou para sempre, e corrige ou ab-roga as que estão feitas. Pela segunda, ele faz a paz ou a guerra, envia e recebe embaixadas, estabelece a segurança, prevê as invasões. Pela terceira, pune os crimes e julga os dissídios dos particulares. Chama-se a última de poder de julgar e a outra simplesmente de poder executivo do Estado."[38]

13. A SEPARAÇÃO DOS PODERES

A teoria de Montesquieu teve extraordinária repercussão na filosofia política e nas Constituições que se promulgaram nos séculos XVIII e XIX, tornando-se um dogma na ciência constitucional.

Com esta filosofia, os Estados modernos consagraram a divisão de poderes através da separação de órgãos, especialização de funções, onde a cooperação entre estes órgãos fosse o principal objeto, exatamente para o fim que Montesquieu concebeu e almejou: *para que o Poder limite o Poder*.

Assim a função legislativa é desempenhada principalmente pelo órgão legislativo, o Parlamento, mas o órgão executivo coopera na função, propondo leis, e limita o Poder Legislativo negando a sanção ou vetando as leis. O órgão judiciário igualmente, porque pode declarar a inconstitucionalidade da lei. Por sua vez, o legislativo colabora com o executivo e limita-o, pois

38. *Do Espírito das Leis*, Livro XI, Capítulo VI, Série Clássicos Edipro, Bauru, 2000, trad. Edson Bini.

muitos atos deste, ficam dependendo de aprovação do primeiro. Além disso, cada órgão exerce principalmente sua função peculiar, porém não exclusivamente, pois pratica atos que por sua natureza pertencem a função diversa.

14. O PROBLEMA DO PODER NO ESTADO

Normalmente se diz que uma pessoa ou um grupo tem força e, *por tabela*, o *Poder*, quando tem a possibilidade de, atingir os seus objetivos, afetar ou restringir outras pessoas ou grupos na escolha do seu comportamento. A possibilidade de afetar, restringir o comportamento de outra pessoa, para que o agente do poder possa atingir seus objetivos é um dos fenômenos do *Poder*, sendo portanto, uma inter-relacão pessoal entre uma pessoa que é capaz de influir na decisão de outra pessoa afetando assim seu comportamento, por conseguinte afetando o comportamento de comando (*Governo*) e afetando, então, toda a sociedade que confiou o destino (*Poder*) a quem exerce o governo.

15. A POLÍTICA, A SOCIEDADE, A CULTURA E A ECONOMIA NO ESTADO

A dimensão englobante da política e a sua nota hierárquica colocam em questão o problema de como se processam as relações e interações dos demais sistemas da sociedade entre si e o subsistema político. A discussão deste tema, que os clássicos estudam sob a rubrica de relações entre o Estado e a Sociedade Civil - pode ser encaminhada através de uma distinção entre os diversos subsistemas.

Exemplificando, as pressões do sistema econômico, as pressões do sistema social e as pressões culturais. Como estas pressões afetam o funcionamento do sistema político do Estado?

Uma maneira de se entender é considerar o sistema social como um sistema total, dividido em quatro subsistemas, que poderíamos denominar da seguinte maneira:

a) Subsistema cultural que produz e coloca símbolos e valores e que se exprime pela cultura.

b) Subsistema de participação que produz os papéis sociais e que se exprime pelo prestígio individual.

c) Subsistema econômico que produz bens e se exprime pelo dinheiro.

d) Subsistema político que produz os comandos e se exprime pelo poder.

Todos estes elementos que se articulam através da cultura, prestígio, dinheiro e poder são conversíveis ou não em influência, que constituem assim as trocas, isto é, dinheiro produz influência, que pode ser trocada por poder. A compra de votos em eleições, é uma maneira de converter dinheiro em influência e depois em poder. Assim como o prestígio produzido em um subsistema de participação conduz à grande influência, que pode ser também trocada por poder.

Exemplo:

No Brasil pós-64 o prestígio junto aos militares é, evidentemente, uma forma de prestígio que pode ser convertida em influência que, por sua vez, pode ser trocada pelo poder.

16. JUSTIFICAÇÃO E FINALIDADES DO ESTADO MODERNO

16.1. Formas de Governo

As *formas de governo* são modos pelos quais o Estado assegura a ordem jurídica. Enquanto a *forma de Estado* considera a zona espacial de validez da norma jurídica, a forma de governo considera a categoria de magistratura suprema do Estado e o *regime político* é a maneira de execução do governo.

A supremacia interna, característica da soberania, é exercida pela governo, de acordo com sua origem, natureza, extensão e classificação.

a) Quanto à origem do Poder (governos populares ou democráticos e governos de dominação) podem ser:

1) De Direito - aquele constituído de acordo com a lei fundamental do Estado, considerado legitimo pela consciência jurídica da nação, e organizado de modo a haver a substituição normal dos governantes (voto ou hereditariedade).

2) De Fato - quando implantado através de violência ou de fraude. Implantado pela força (revolução ou golpe de Estado).

b) Quanto à natureza, isto é, segundo as relações do governo com os governados (povo), o governo pode ser:

1) Legal - aquele que, independente de sua origem, desenvolve-se de acordo com as normas vigentes do Direito Positivo. Há conformidade de ação com os preceitos jurídicos, harmonia e equilíbrio social.

2) Despótico - o que é conduzido pela vontade de seus detentores eventuais, valendo o arbítrio e os caprichos pessoais.

c) Quanto à extensão do poder, o governo pode ser:

1) Constitucional - aquele que se forma e se desenvolve sob a égide de uma Lei, instituindo a divisão de poderes em três órgãos distintos e assegurando a todos os cidadãos as garantias e direitos individuais e fundamentais, de acordo com uma Constituição e um conjunto de normas legais para regular a ação da autoridade.

2) Absolutista - aquele que concentra todos os poderes em um só órgão. Teve sua origem nas monarquias do direito divino, e não obedece a qualquer Constituição e nenhuma norma jurídica.

d) Quanto à classificação o governo pode ser:

1) Normal - que tem por objeto o bem da comunidade.

1.1 - Realeza (monarquia): governo de um só.

1.2 - Aristocracia - governo de um reduzido numero de homens, seja porque a autoridade está colocada nas mãos de diversas pessoas de bem, seja porque tais pessoas dela fazem uso para o bem do Estado.

1.3 - Democracia - governo do povo.

Corrompendo-se estas formas de governos tornam-se anormais.

2) Anormal - visa somente a vantagens para os governantes:

2.1 - Tirania - monarquia sem outro objetivo senão o interesse do monarca.

2.2 - Oligarquia - só vê os interesses dos ricos.

2.3 - Demagogia - só vê os interesses dos pobres (teoricamente). Para Aristóteles "...os governos viciados são a tirania para a realeza, a oligarquia para a aristocracia e a demagogia para a democracia".[39]

16.2. Os Sistemas de Governo

16.2.1. Parlamentarismo

Tem suas origens na Inglaterra. Estende-se à Magna Carta de 1215. No parlamentarismo o gabinete constituído pelos Ministros de Estado, é responsável perante o parlamento, que através dele governa a Nação. Constituí o Gabinete órgão concreto que exerce as atribuições inerentes ao poder executivo. Seus componentes não são simples auxiliares do Primeiro-Ministro, como sucede no sistema presidencial. O Gabinete absorve atribuições políticas e administrativas inerentes à formação executiva e, conseqüentemente, torna-se órgão que exerce chefia de governo. Representa uma menor distância e, portanto, acarreta uma maior cobrança e participação popular, nas atitudes de governo, fortalecendo o Poder Legislativo (governantes-governados). Esse sistema tem como característica fundamental uma maior participação popular na formação do processo político, onde o governo se divide em:

39. *A Política*, Série Clássicos Edipro, Bauru, SP, 1995, trad. de Nestor Silveira Chaves.

Chefe de Estado - constitui figura acima dos conflitos políticos, o que lhe oferece o papel de alta relevância.[40]

Chefe de Governo - o Primeiro-Ministro tem a responsabilidade política que poderá ser por alguns dias ou por vários anos, dependendo apenas da perda da maioria parlamentar ou da aprovação do voto de desconfiança do Parlamento.

16.2.2. Presidencialismo

Tem suas origens na Constituição dos Estados Unidos da América de 1787. No presidencialismo, exerce o Presidente da República, concomitantemente, as funções de Chefe de Estado e Chefe de Governo, isto é, tem não só as atribuições inerentes à política e administração, como ainda é ele o representante legítimo do Estado, inclusive nas aproximações com Estados estrangeiros. É um sistema mais rígido, centralizado, tendo em vista que eleito o Presidente da República será difícil removê-lo do cargo a não ser por *impeachment* (afastamento definitivo) pela prática de crime de responsabilidade. No sistema presidencial o presidente é responsável pela fixação dos princípios e ação do Poder Executivo, auxiliado pelos ministros. O Presidente da República é eleito, direta ou indiretamente, por um prazo determinado, tem poder de veto e é unipessoal.

16.3. Regimes Políticos

Toda sociedade política pressupõe um ordenamento. Este ordenamento constituí, por sua vez, fundamental e indispensável condição para a convivência social em que o poder emana do povo. Há de ser exercido, direta ou indiretamente pelo povo e em proveito do povo. Estas formas de ordenamento são chamadas de regimes políticos que podem ser democráticos como acima citados ou totalitários, de caráter ditatorial ou autoritário.

40. Quando a forma de governo for monarquia, teremos um parlamentarismo monárquico.

Os regimes políticos podem ser representativos com idéias equivalentes no direito público moderno. Tanto nas Repúblicas como nas Monarquias constitucionais, a democracia se realiza através de regimes representativos. O povo, fonte primária do poder do governo, não podendo dirigir os negócios do Estado diretamente, confia as funções de governo aos seus representantes, ou delegados, especialmente eleitos por meio de sufrágio universal.

17. O ESTADO BRASILEIRO

O Brasil é uma República Federativa, constituída pela união indissolúvel dos Estados, do Distrito Federal e dos territórios, que é a característica principal e essencial do Estado Federal.

Durante o Regime Colonial o Brasil foi dividido em regiões autônomas denominadas Capitanias Hereditárias. Já na Fase Imperial as antigas regiões autônomas foram transformadas em províncias. Com a chegada da República, passaram a constituir os Estados Unidos do Brasil. Na doutrina do Federalismo, a denominação correta é de Estados-Membros, porque só interessam ao direito público interno. Não são soberanos e não têm personalidade de direito público internacional e logo, não são Estados no plano internacional. A divisão interna do país, em Estados-Membros e Territórios, não é e nem poderia ser inalterável. Razões atuais ou futuras podem aconselhar a extinção de um ou mais Estados-Membros, ou a criação de outros. A extinção por incorporação de duas ou mais unidades é hipótese rara, porém a criação de novas unidades é freqüente. O Distrito Federal é a Capital da União pois é princípio do federalismo a capital ficar fora de qualquer Estado-Membro.

No Brasil a sede do governo, já no tempo da monarquia, separava-se da jurisdição territorial das províncias e situava-se na cidade e município do Rio de Janeiro, que fora desmembrado da província fluminense, passando a constituir-se município neutro. No sistema brasileiro o Distrito Federal é uma das unidades componentes da Federação.

18. O FEDERALISMO BRASILEIRO

Segundo Hans Kelsen, a Federação é a resultante de uma descentralização total ou parcial, ficando as unidades-membros com autonomia constitucional e com participação na feitura das leis federais e na respectiva execução. A Federação mantém a soberania na esfera internacional, enquanto que as unidades-membros permanecem relativamente soberanas no campo do Direito Interno. No Brasil é uma organização formada sob bases de uma repartição de competência entre o governo nacional e os governos estaduais e municípios, de sorte que a União tenha supremacia sobre os Estados-Membros e municípios e estes sejam entidades dotadas de autonomia constitucional perante a mesma União. A existência simultânea dos governos federal, estadual e municipal, atuando sobre as mesmas pessoas e no mesmo território com validade jurídica é uma das principais características do federalismo. À composição bicameral brasileira cabe a representação popular. O Congresso composto pela Câmara dos Deputados e o Senado Federal, tendo a Câmara Federal a representação popular e o Senado a representação igualitária dos Estados. No federalismo brasileiro, o Supremo Tribunal Federal tem a função político-judiciária tendente a assegurar a supremacia da Constituição.

19. A CONSTITUIÇÃO DA REPUBLICA FEDERATIVA DO BRASIL

Promulgada em 5 de outubro de 1988, com o seguinte preâmbulo:

"Nós *Representantes do povo brasileiro*, reunidos em *assembléia nacional constituinte* para instituir um *Estado Democrático*, destinado *a assegurar o Exercício dos direitos sociais e individuais, a liberdade, a segurança, o bem-estar, o desenvolvimento, a igualdade* e a *justiça como valores supremos de uma sociedade fraterna, pluralista e sem preconceitos, fundada na harmonia social* e comprometida na ordem interna e internacional, com a solução pacífica das controvérsias, *promulgamos, sob a proteção de Deus*, a seguinte Constituição da República Federativa do Brasil."

20. SISTEMAS DE GOVERNO NO BRASIL

Desde a proclamação da República, o Brasil adotou o sistema presidencialista, regime interrompido por breve período, quando das contingências políticas que impuseram o parlamentarismo, de acordo com a Emenda Constitucional nº 4 de 1961, após a renúncia do Presidente Jânio Quadros, elegendo-se o Dr. Tancredo de Almeida Neves, Primeiro-Ministro. Teve essa emenda breve duração, pois foi revogada por plebiscito nacional, se formalizando a Emenda Constitucional nº 6, de 1961, restabelecendo o presidencialismo de João Goulart.

APÊNDICE

1. TEXTOS PARA LEITURA E ANÁLISE

1.1. INTRODUÇÃO AO CONSTITUCIONALISMO BRASILEIRO

Roberto Benevides[1]

"Neste Pais, a pirâmide do poder assenta sobre o vértice e não sobre a base."

José Bonifácio, o Moço

O principal escopo desta coleção - sistematizar documentos de parte da História do País, mormente de sua história política, vista no contexto maior da vida social, ou seja, sem autonomia - é favorecer as gerações contemporâneas, e as pósteras, com o fácil e simplificado conhecimento, sempre à mão, do acervo documental, de base verbal - daí, sempre, "textos" -, herdado das gerações anteriores, aquelas que foram protagonistas de episódios e acontecimentos, conjuntamente incorporados na chamada "História do Brasil". Desse conjunto maior, amplo e completo, versamos tão-somente uma parte ou um aspecto: o da história política, história das instituições do poder, história do Estado, qual nasceu e se desenvolveu entre nós.

1. *In Textos Políticos da História do Brasil*, Universidade de Brasília, 1996.

Para os efeitos desta pesquisa, considerou-se *documento* todo texto *(a) público* (isto é, de veiculação e conhecimento notório) ou *(b) privado* (isto é, de circulação restrita, limitada a pequenos círculos de ordem particular, ou familiar, ou reservada, epístolas de reduzido curso, etc.); tanto numa hipótese quanto noutra, sempre veículo de informação acerca de determinado fato político, objeto de registro histórico.

A informação será no *a* ou reiterativa ou esclarecedora. Chega-se ao documento pela mão do fato político consagrado historicamente. Considerou-se documental todo sucesso de importância incontroversa, nada obstante de interpretação vária, distinção que a pesquisa buscou contemplar. Terá em mente o leitor, todavia, que a História, guiada de razões ideológicas preponderantes, desconheceu ou reduziu ao mínimo muitos fatos históricos, relevantes, se examinados, por outros prismas, tanto quanto diversos movimentos que, por razões adiante analisadas, não lograram deixar rastro para a pesquisa documental, seja pelas limitações de seus principais agentes, seja pelas características do próprio movimento. Já na República, é de todo impossível a recuperação, por via unicamente documental, do notável movimento dos Canudos ou da sempre ignorada construção e massacre de vila do Caldeirão, no Cariri cearense, por exemplo.

A ascendência do fato sobre o documento, em nossa História, no entanto, não é questão dogmática; não olvidará o leitor que na República muitos documentos intentaram fazer história, ou mudar-lhe o curso (as cartas falsas contra Bernardes ou a "Carta" Brandi contra João Goulart), e às vezes mesmo o lograram (como aconteceu com o "Plano Cohen"). Se o conceito de *fato político* teve quase a função de uma camisa-de-força, roteiro incontornável, a pesquisa documental alcançou maior liberdade: documentos até há pouco considerados inéditos ou de existência duvidosa *(verbi gratia,* a nomeação do Barão de Santo Amaro para Ministro de Estado) foram revelados, ao mesmo passo que se buscaram novas e distintas versões de textos consagrados, fixando-se possivelmente as versões mais fidedignas.

O destino desta obra não é, contudo, a busca de novos fatos históricos objeto da pesquisa histórica -, mas a pesquisa, identificação, coleta e metodização daqueles documentos que corroboram a história política. Este trabalho é tarefa típica de criação; há a formulação de fato histórico e a seleção de fato histórico; há o conceito de documento político e a seleção de documento político, que o pesquisador, segundo critérios que estabelecerá, considerará fidedignos. Daí Hegel confundir fatos e acontecimentos com narração histórica, portanto - concluímos nós - com leitura ideológica (*vg.*, categoria *a priori)* do fato acontecido. *Histórico* é todo fato econômico-político, cultural, agente/reagente que interfere no nexo causal (no qual atuam elementos políticos, econômicos, culturais e sociais), que dá sentido lógico, ou leitura orgânica, aos fatos anteriormente e apenas aparentemente isolados, os quais, encadeados, isto é, retomados ao seu natural, dão sentido aos acontecimentos e à vida social. Esse fato é sempre contingente, fixado num tempo e num espaço certo, fungível e recuperável, irrepetível, inserido em circunstâncias singulares e precisas; deriva de fato anterior, maior ou menor, e determina o fato seguinte. O fato histórico desenvolve-se dentro em determinado quadro axiológico e, segundo esse quadro, ou outra óptica, adquire valor, pois um mesmo fato pode ter significados históricos e valorações distintas: a rebelião dos mineiros era, para os portugueses, inconfidência, conjuração; para os brasileiros, revolução, patriotismo, heroísmo. "O fato histórico embora possa ter, contemporaneamente, mais de uma valoração, é único, singular, irreprodutível, senão como farsa..."[2] Só adquire significado, ou seja, historicidade, no contexto de suas causas.

Civilização cartorária desde as origens lusitanas,[3] aferrada não só ao papel e ao documento escrito, como à burocracia

2. Amaral, Roberto. *Introdução ao Estudo do Estado e do Direito,* Rio, Forense, 1986, pp. 447-48.

3. Exemplo, entre tantos, de mentalidade burocrático-cartorário-autoritária anticultural dominante no Portugal do século XVIII pode ser retirado do processo para a liberação de texto, livros para impressão. *A Nova Floresta,* de Bernardes, em busca de licenças, percorreu por seis anos as repartições censórias lusas, de 1705 a 1711. Nesse período, entre idas e vindas recebeu um mínimo de seis despachos e 27 assinaturas! Estão no colofão da obra.

como estamento do poder,[4] nascemos com o batismo de uma carta e pelas mãos e bênçãos de um escrivão. E cresceríamos qual país de "bacharéis" sem nenhuma aptidão para as coisas da terra, entre as quais se incluiria o trabalho, oficio do braço servil, a que não poderia sujeitar-se o senhor filho da terra, e eram todos os brancos os que até teorizavam sobre sua indolência preconceituosa e reacionária: "o trabalho em sua origem, nos seus inícios, foi escravo e só pela evolução natural da sociedade humana tornou-se livre. Que mais pode aspirar?... Com a capa de reivindicações, o que quer de fato é o gozo, o luxo".[5] O preconceito, porém, tinha conseqüências objetivas, seja o tratamento policial de uma questão econômica, seja a alimentação de exércitos de reserva industrial para evitar ainda mais a mão-de-obra: "As elites dominantes expressavam forte xenofobismo, acrescido por um grande desprezo pelo trabalho manual, herança do regime escravocrata". Dessa maneira, era negada ao proletariado a condição de cidadania, pois eram vistos como força de trabalho. À margem do mercado de trabalho formou-se um enorme "exército de reserva industrial, típico das sociedades em transição ao mundo industrial".[6] Sérgio Buarque de Holanda, referindo-se aos colonizadores ibéricos, assinala a "repulsa que sempre lhes inspirou toda moral fundada no culto ao trabalho".[7]

Quando se abre para os processos eleitorais, o País inaugura o voto censitário. Foi esse Brasil colonial que chegou ao Império e fez a Independência, para dar lugar aos condes, aos viscondes, aos barões, aos marechais, aos almirantes, aos cônegos, a uma sociedade que emergia do latifúndio, da mo-

---

4. Ver a propósito a obra de Oliveira Vianna. Ver também Sérgio Buarque de Holanda *(Raízes do Brasil)* e Raymundo Faoro *(Os Donos do Poder)*, especialmente as pp. 388 e segs. do primeiro volume. Ver José de Alencar, de particular em *O sistema representativo.* Richard Graham (*in* Keith, Henry H., e Edwards, S. F. *Conflito e Continuidade na Sociedade Brasileira,* Rio de Janeiro, Civilização Brasileira, 1970, p. 222) lembra ser digno de nota "o quanto era extensa a burocracia portuguesa já então brasileira" ao tempo da transmigração.

5. Tinoco, Brígido. *Fundamentos Históricos do Direito Social,* Rio de Janeiro, *A Noite*, 1955, p. 135.

6. Penna, Lincoln de Abreu. *Uma História da República,* Rio de Janeiro, Nova Fronteira, 1949, p. 133.

7. *Ob. cit.*, p. 9.

nocultura e do escravismo. Uma sociedade extrativista, onde tudo quanto se produzia era mercadoria de exportação: a cana-de-açúcar, o café, o algodão em pluma, o pau-brasil, as pedras preciosas, os minérios das Gerais, etc.; ou seja, tratava-se, por conseguinte, de economia voltada para fora, de costas para a terra, com as vistas e o coração projetados sobre o além-mar, presa, politicamente, aos interesses da Corte metropolitana, por sua vez decadente e amarrada economicamente às bolsas de mercadorias de Paris e Londres, principalmente Londres. De costas para si mesma, sua elite urbana - bacharéis, os primeiros funcionários públicos, os comerciantes, os "correspondentes" dos grandes fazendeiros, padres, professores de latim, a pequena nobreza na Corte colonial e, depois, no Império - vivia com os olhos fixos na praia, à espera do paquete, que era o meio de comunicação e informação. Com efeito, o navio a colocava em contato com o mundo - vale dizer, com Lisboa, Paris e Londres (não necessariamente nessa ordem) - trazendo à terra bárbara os jornais europeus, sua cultura ultramarina, suas línguas e até mesmo - contradição insolúvel seja do liberalismo, seja do capitalismo - aquelas idéias "exóticas" de liberdade e republicanismo, vitoriosas na França e nos Estados Unidos, tantas décadas antes do despertar de nossa nacionalidade. Aqueles navios, que levavam peles, algodão, café e madeira, traziam de volta calçados, tecidos e até água mineral, e escravos. E ideologia. Com efeito, o transporte da mercadoria negra perdurou até a extinção do escravismo. Introduzida a mão-de-obra remunerada nas colônias inglesas das Antilhas, produtoras de açúcar, houve a intervenção britânica, *manu militari,* no tráfico de escravos para o Brasil. Graças à política de preços internacionais daquele produto, logramos a abolição do tráfico e depois do braço servil na lavoura.[8] Ainda

8. É praticamente unânime a opinião dos pesquisadores sobre o verdadeiro etnocídio em que se constituiu a exploração da mão-de-obra escrava no Brasil. No período áureo do tráfico, resultava mais barato ao plantador de café fluminense substituir o escravo, morto ou precocemente envelhecido pela fome e pelos maus tratos, do que alimentá-lo condignamente. Apesar dos fluxos de entrada de escravos no País, a população negra não crescia, e os óbitos eram superiores aos nascimentos. Isso se deve às conhecidas condições desumanas de exploração do elemento servil e ao fato de, em cada dez escravos brasileiros, sete serem homens.

assim, fomos o último país a fazê-lo, desconsiderada a recidiva cubana.

A estratificação social era absoluta. De um lado, os comerciantes da praia, os donos das casas de importação/exportação, com seus hábitos principescos de consumo, regados a vinho francês, linho inglês, seda da China, manteiga e queijo da Holanda, e prostitutas francesas e polonesas; do outro, os pequenos comerciantes, os turcos, os mascates, os artesãos, os fâmulos, os serviçais, os mestiços de toda ordem, os agregados à casa grande ou ao sobradão urbano. A mentalidade colonial seria enfrentada na República de forma mais efetiva com a Revolução de 30. A alienação político-cultural levaria a uma economia extrativista, e predatória, inimiga do progresso. Não se tratava de promover aqui o desenvolvimento, mas de extrair da terra as *commodities* reclamadas pelo consumo europeu.

Constitui o mercado interno sempre um objetivo nacional secundário,, como secundária seria também a vida política. Não havia intermediação. Para que a vida política, imprensa, instrução ou cultura em sociedade tão distante do centro decisório, sem opinião pública, com economia periférica fundada na oligarquia rural, na exportação, na monocultura, na dependência e na estratificação? Qual a necessidade de formação de mão-de-obra, se a coleta do café ou o corte da cana ou a extração da pele ou a derrubada de florestas não requeriam técnica nem especialização? Se a exploração da mão-de-obra escrava tornava rentáveis a coleta e a exploração predatória?[9]

9. Conrad, Robert. *The Destruction of Brazilian Slavery (1850-1888)*, University of California Press, Berkeley-Los Angeles-Londres, 1972, pág. 24, observa: "*With the traffic all but ended by 1852, Bristish pressure was relaxed. Yet a decisive blow had been delivered to Brazilian bondage, since it was "a naturally decreasing slave population", dependent upon the African traffic for its permanent existence. A variety ofconditiom and policies contributed to other excess of deaths over births among slaves in Brazil and their consequent inabilitity to maintain their numbers through natural reproduction. These included a low ratio of females to males, a paucity of marriages and family life, a customary disregard for slave progeny, the frequent employment of harsh physical punishrnent, immoderate labor for females as well as males, inadequate clothing, poor and unsanitary food and housing combined with poor medical care, epidemies, and (for newly imported Africans) a new disease environment*".

Sociedade de vida política rudimentar, de opinião pública incipiente, não fomentava a imprensa. Nem o vernáculo se fazia mister cultivar; bastava o francês como língua dos salões ou o inglês como idioma das cartas mercantis, servindo o latim de língua sagrada, mediante a qual o senhor da terra e dos negócios falava com Deus. Dentro, na casa grande, via-se a língua portuguesa relegada a tarefas menores, misturada desde a roça aos falares africanos e desde as cozinhas ao tupi das índias escravizadas, então majoritário.

Para as viagens e os negócios, fora do Rio de Janeiro, Salvador, Olinda, Recife, São Paulo, São Vicente, ou se usava da língua geral - certamente de base tupi - ou se usava das "línguas" intérpretes, às quais se referem os cronistas da época.[10]

O português só se fez idioma nacional no século XIX, e para tanto contribuiu a chegada da família real com seus burocratas. Todavia, os constituintes de 1823 ainda indagavam se deveriam instalar uma Faculdade de ensino superior, a primeira do País, fadada a ser obviamente uma faculdade de Direito, em São Paulo, posto que naquela província se falava muito mal a nossa língua...[11] Não conhecíamos qualquer sorte de ensino regular. Em 1750 a instrução desaparecera com a expulsão dos jesuítas. Só em 1827 o Império instituiu o ensino primário público, por decreto que nem ao menos abria o necessário crédito para a construção das escolas e contratação de professores... A instrução, privativa dos filhos dos fazendeiros e dos comerciantes da praia, servia a uma elite que se ilustrava na Europa, quase sempre cursando Direito, em Coimbra, Toulouse, Montpelier e Londres. Regressando ao País, ficavam os bacharéis recém-graduados, preponderantemente, na Corte. Futuros personagens de Machado, viviam da renda, do latifúndio, das funções cartorárias; enfim, compunham uma sociedade tradicional e patriarcal. "No ensino, ministrado por padres católicos, a língua institucionalizada ou era o latim ou o português à ima-

---

10. Cf. Houaiss, Antônio. *A Crise de Nossa Língua de Cultura,* Rio de Janeiro, Tempo Brasileiro, 1983, p.33.

11. Cf. Houaiss, Antônio. *O Português no Brasil,* Rio de Janeiro, Unibrade-Unesco, 1985, p. 7.

gem do latim: mas tratava-se de prática escolarizada privilegiada, para a formação de sacerdotes. A catequese dos catecúmenos índios se fez, por longo tempo, mesmo depois da expulsão dos jesuítas, na língua geral."[12] País assim de analfabetos e de semiletrados, população subnutrida e marginalizada, sob o domínio de uma elite refinada e culta, mas alienada aos interesses e aos quadros de valores europeus; elite européia centrada desde os primórdios, apartada do País. Mas ainda assim reinava ali uma milagrosa anarquia racial - fundada no ideal de "branqueamento" racista -,[13] arredando-se daqueles valores que já mobilizavam o continente - abolicionismo, republicanismo, independência, liberalismo -, do qual desejava cindir-se para melhor marcar-se como diversa, como se o hispânico se opusesse ao lusitano, e pudéssemos ser franceses ou ingleses; de qualquer sorte, a brasilidade se antepunha à latino-americanidade, que aos olhos dessa elite poderia ameaçar seu projeto auto-europeizante.

A tipografia - até então proibida, tanto quanto os teares - só chegou ao Brasil em 1808, com o Príncipe D. João, que aqui mandou instalar os prelos trazidos de Lisboa. Era a Imprensa Régia (precursora da Imprensa Nacional republicana), fundada para atender às necessidades do novo Estado: imprimir os papéis da Corte e divulgar os atos e documentos oficiais do governo. A partir de setembro de 1808, preencheu essa finalidade e principiou a editar a *Gazeta do Rio de Janeiro,* semanário de quatro páginas, que circulou até 31 de dezembro de 1822, quando foi substituído pelo *Diário do Governo,* ambos, sem embargo de seus característicos, sujeitos a censura prévia... Por isso mesmo, o primeiro jornal brasileiro haveria de ser o *Correio Braziliense* (de 1º de julho de 1808 a dezembro de 1822), editado e impresso em Londres e que circulava no Brasil clandestinamente. Enquanto isso, entre os desprezados hispânicos, a imprensa fora introduzida no México em 1533, no Peru em 1684, no Paraguai (Missões) em 1700, na Argentina em 1780, na Venezuela em 1808. Não há por que estranhar-

12. Cf. Houaiss, Antônio. *A Crise de Nossa Língua* de *Cultura,* p. 33.

13. Ver Skidmore,Thomas E. *Preto no Branco,* Rio de Janeiro, Paz e Terra, 1976.

mos que em 1889, ano da proclamação da República, isto é, da implantação mecanicista do modelo norte-americano da República e federação (depois da importação não menos mecanicista do modelo inglês de parlamentarismo), possuíssemos tão-somente cinco escolas de ensino superior: duas de Direito (Olinda e São Paulo), duas de Medicina (Rio de Janeiro e Bahia) e uma politécnica (Rio de Janeiro). A primeira universidade brasileira - a antiga Universidade do Brasil - surgiu em 1922, fruto da reunião precipitada de escolas singulares, a fim de que pudéssemos conceder o titulo de doutor *honoris causa* ao Rei Alberto, da Bélgica, hóspede de gala das festas do centenário da Independência. A cortesia nos impunha a retribuição de gentileza com a qual, décadas antes, havia sido distinguido nosso Pedro II.

O objetivo, na construção propositada dessa sociedade ágrafa e autoritária, era evidente: reforçar o hiato entre o culto e o democrático, entre o povo e seus representantes, entre a sociedade e o poder, entre o povo e os heróis de sua História escrita.

A leitura de nossa crônica documental é eloqüente em surpreender tamanho autoritarismo, para o qual seriam fundamentais o agrafismo e a alienação, tendo por efeito a manifesta ausência do povo - o povo-massa, coletivo, e o povo-cidadão, o homem comum, o José, o Silva, o Alves, no relato da História.

"Vida social não existia porque não havia sociedade; questões públicas tampouco interessavam e mesmo não se conheciam: quando muito, sabiam se há paz ou guerra."[14] Se ao Infante rebelde credita-se a antecipação da Independência, foi Lord Cochrane (Conde de Dundonald e Marquês do Maranhão, expulso da Marinha britânica e contratado por D. Pedro por sugestão de José Bonifácio) quem expulsou tropas portuguesas da Bahia e do Maranhão, efetivando a posse do território; foi Canning,[15] Ministro inglês dos Negócios Estrangeiros, quem

14. Lindley, citado por Capistrano de Abreu, *apud* "As Instituições Politicas e o Meio Social", *in* Amado, Gilberto, *Perfis Parlamentares,* Brasília, Câmara dos Deputados, 1979, p. 57.

15. Ver a *Introdução à Independência*.

levou Portugal à resignação, efetivando a Independência e tornando possível a futura obra de consolidação que a Regência encetaria. Ainda o exército brasileiro, o exército de D. Pedro, naqueles tempos inseria em suas hostes um majoritário efetivo de mercenários irlandeses e alemães,[16] para não falar na oficialidade portuguesa incorporada à tropa de linha, depois de Madeira haver capitulado na Bahia, depondo as armas.

Nossa primeira Constituinte, convocada, nomeada e dissolvida pelo Príncipe absolutista, era formada de 23 doutores em Direito, sete em Cânones, três em Medicina, 22 desembargadores, nove clérigos, sete militares. Todos ligados à propriedade da terra. Os agentes de nossa História têm poucos sobrenomes. São "no Rio de Janeiro os Silva Coutinho, os Álvares de Almeida, os Nogueira da Gama, os Carneiro de Campos, os Pereira da Cunha, os Furtado de Mendonça, os Sousa Franco; na Bahia, os Silva Lisboa, os Carvalho e Melo, os Costa Carvalho, os Araújo Guimarães, os França, os Ferraz; em Minas, os Resende Costa, os Custódio Dias, os Manuel da Costa, os Vasconcelos; em São Paulo, os Campo Vergueiro, os Andrada, os Veloso de Oliveira; em Pernambuco, os Maria Tavares e mais tarde os Sousa Leão, os Régio Barros, os Cavalcanti, os Pais Barreto; e assim por diante, bacharéis de Coimbra, quase todos ligados à propriedade territorial, à escravatura; padres de influência, e aqui e ali, extremando já a sua utilidade política, os militares".[17] Na República - alcançada pela aliança de intelectuais com militares -, os barões foram substituídos pelos "coronéis". Surgiu a classe média, e, finalmente, a burguesia industrial e o proletariado. E, por um largo período, os generais.

Mas nada disso alterou a nomenclatura e o pódio dos nossos heróis; ao poder absoluto dos senhores de terra e escravos, seguiu-se o poder autoritário dos senhores da terra e do capital, elevado a um maior grau de concentração depois que o País se industrializou. Enfim, a economia rural, relutante, não sem traumas, cedeu praça à força emergente das cidades, e o povo seguidamente foi às ruas, mas raramente fez história

16. Cf. Amado, Gilberto, *idem*, p. 61

17. *Ibidem*, p. 57.

própria. Quase sempre serviu de massa de manobra da mesma burguesia, que, crise após crise, se conservou olímpica e inviolável no comando político. A pesquisa documental reitera essa afirmação de denúncia do exílio a que em sua História foi submetido o povo.

Sem o povo-massa, fez-se a Abolição, fez-se a Independência, fez-se a República, até chegar-se às "revoluções" - quarteladas deste século XX. Ainda sem povo-povo, se fizeram as insurreições "populares", o levante de 1922, os dois 5 de julho, a Coluna Prestes e a Revolução de 30. Os textos gravam os nomes dos tenentes e futuros brigadeiros, generais e marechais Eduardo Gomes, Siqueira Campos, generais Miguel Costa, Isidoro Dias Lopes, capitão Carlos Prestes, futuros marechais Juarez Távora, Cordeiro de Farias; bacharéis João Alberto, Getúlio Vargas, Osvaldo Aranha... Sem povo, escreveu-se uma história em que os personagens jamais são extraídos dos estamentos inferiores da pirâmide social. Nossos heróis costumam ser os bacharéis da Inconfidência, recém-chegados de Coimbra, e o alferes Tiradentes, os Andrada, os Bragança, a princesa e o seu conde, o Duque de Caxias, o almirante Tamandaré, o professor Benjamin Constant, os marechais Deodoro e Floriano, o embaixador Nabuco, o Barão do Rio Branco, o conselheiro Rui Barbosa; os representantes da plutocracia cafeeira, os representantes da pecuária mineira, os estancieiros do Sul, os representantes da burguesia industrial e financeira. E os generais.

Esse quadro, isoladamente, talvez faça a pesquisa documental, entre nós, não obstante seu desprestigio, ainda mais reveladora do que o é em outros centros. Sobre outras histórias, sobreleva o caráter autoritário de nossa formação social.

Em um Estado de origens coloniais centralizadas, de núcleo centralizador e autoritário, haveriam de predominar, entre os políticos, os documentos públicos. Há a explicá-lo esse mesmo caráter elitista, autoritário, de nossa sociedade, mas se faz mister ressaltar por igual o caráter de nosso Estado; se, de uma parte, foi ele sempre, muito mais que em outras nações, o centro de sua formação social e econômica, o eixo ao redor do qual se construiu a civilização e gravitou a nacionalidade, aqui, mais do que na maioria dos outros Estados modernos, com ele mais cedo se confundiram os interesses das forças dominantes. No seio do Estado é que os conflitos e os jogos de interesses se resolviam. Isso se fez mais nítido durante o período imperial, mas não ficou ausente na República, que não altera nem tampouco põe em risco a fidedignidade histórica da pesquisa documental. São sempre os vencedores - e não foram mais no Império do que na República, nem mais aqui que alhures - que fornecem a sua versão da História, e a História não é, necessariamente, o fato real, o fato acontecido, mas, sempre, o fato anotado, o fato registrado, não necessariamente do modo como ocorreu, mas da maneira como foi narrado.

A História sistematiza versões, não raro unilaterais. A pesquisa documental visa a diminuir, no registro histórico, o peso da versão das versões, pois a História vigente é quase sempre a reescrita, por autores novos, de textos antigos, de autores também antigos, muitos limitados à narrativa e poucos à análise de fatos, predominantemente superestruturais, periféricos, episódicos, casuais. "A produção dos fatos e atos históricos é sempre mínima, comparada com a produção não só dos fatos e atos individuais, que são recolhidos apenas pela lembrança pessoal e familiar, mais ainda com aquela imensa coleção de fatos mortos a que se referiu Karl Marx. Esses fatos mortos, que constituem o pasto preferido da historiografia antiquária, são miudezas e minúcias, que deveriam continuar entregues ao esquecimento universal, ou nasceram de farsas e paródias, tentativas de repetição histórica, quando os mortos não enterraram seus mortos. Eles são, enfim, aquela escória, aquele lixo de que falava Macaulay".[18]

18. Rodrigues, José Honório. *in A Pequisa Histórica no Brasil,* São Pauto, Nacional, 1982, p. 32. Afonso Arinos situa-se entre os muitos críticos da historiografia oficial. Para ele, "a História do Brasil mesmo nas obras dos maiores especialistas nossos, não tem sido entendida senão como a investigação, minuciosa, fatigante, de episódios de superestrutura. O seu objeto tem sido a narrativa circunstanciada dessas ocorrências; o esclarecimento paciente de seus pontos obscuros, sem entretanto nenhuma preocupação outra, nem mesmo a de ligar esses fatos, que não se produzem por geração espontânea, nem pela fantasia de alguma divindade irônica e displicente, às suas origens e a suas conseqüências humanas. Escrever História não é contar histórias.

Não nos incumbe suprir a carência de estrutura lógica de que padecem os estudos históricos mais notáveis. O que se oferece ao público - obra de cientistas políticos, e não de historiadores - não é o intento de uma nova história do Brasil, nem muito menos um projeto de história da civilização brasileira. Nem é por igual uma história política. Lança-se, tão-somente, o mosaico documental, cuja análise poderá favorecer a construção, pelo especialista, de sua versão histórica, de sua interpretação de determinada ocorrência política. Caberá ao leitor, segundo sua especialização e vinculação filosófica, compor as diversas peças desse dominó; nossa tarefa executou-se quando colocamos à sua disposição aquelas peças que nos foi possível recuperar, e as ordenamos de forma sistemática, lógica, averiguável. Cada qual armará o "jogo" de sua conveniência. posto que pretendemos, apenas. pôr à disposição do documentando os materiais documentadores disponíveis, mas dispersos em livros, e estes em bibliotecas e arquivos públicos e privados, e ambos, principalmente os primeiros, objeto de dilapidamento tão notório quanto eficaz. Uma função quase só de documentalística, não fossem as introduções aos quantos períodos segundo os quais, por uma pura questão de método a que não foram estranhos critérios ideológicos, convencionamos dividir a História deste País. Já aí se vê que a documentalistica é também, ou foi nesse caso, oficio político, visto que a simples periodização representa intervenção interpretativa da História. Que não está nem correta nem errada e que não se oferece em substituição de nenhuma outra, pois todas as periodizações, recurso de método, são corretas simplesmente enquanto atendem às necessidades expositivas do documentador, analista da História e da política. O pesquisador acha-se sempre a informar pela sua concepção do mundo.

Por razões que dispensam demonstração, afigura-se-nos que os mais de 70 anos de vida republicana abrangidos pela pesquisa (novembro de 1889 a abril de 1964) foram, incomparavelmente, os mais ricos, do ponto de vista do acervo docu-

---

Nem o trabalho do historiador se situa entre o do relojoeiro e o do decifrador de charadas" (*Conceito de Civilização Brasileira,* pág. 18).

mental. Superiores ao longo período que se dilata dos antecedentes do descobrimento, da formação colonial e da campanha da Independência até a derrubada do segundo imperador. A vida social mesma do País, o nível da produção gráfica e armazamento documental explicam que assim seja, como explicam também a soma maior de documentos privados, recuperados, postos à disposição do analista de nossa história republicana. Acresça-se a isso a contigüidade histórica, facilitadora da sobrevivência documental, bem como a preocupação mais acentuada a partir do segundo quartel do século (note-se que a Coluna Prestes tinha um "historiador oficial" - Lourenço Moreira Lima), com a produção e conservação documental e a organização de arquivos particulares, preocupação dominante de último entre os estadistas modernos. Nesse meio, também se encontram explicações para o fato de, no Império, ser ainda mais ponderável a origem e natureza públicas dos documentos políticos. Mas, a explicação fundamental reside, segundo entendimento nosso, no desenvolvimento da vida social, na ampliação da escolaridade e no crescimento das massas letradas e semiletradas, no papel novo que o desenvolvimento social propiciará a nossos agentes históricos. As explicações mais científicas remontam ao processo social brasileiro.

É óbvio, também, que os documentos dos anos de 1930 a 1964 serão, nesta coletânea, relativamente os mais numerosos. Com efeito, desde aquele movimento de pretendida regeneração dos costumes políticos - mas que fundamentalmente deflagrava a primeira grande (conquanto conjuntural e periférica) derrota do latifúndio e assinalava a emergência do movimento social urbano - o País tem vivido quase 60 anos atribulados a difíceis, dos mais cruciais para a história da Republica e da Federação, e cujo sentido não perceberá nunca o leitor infenso ao exame dos fatores ideológicos que entraram a atuar no pensamento brasileiro e a reformar as bases constitucionais de nossa realidade, trazendo para o proscênio das instituições pátrias a nova imagem de luta social, que veio deitar aqui, sobre a sociedade latino-americana, a sombra de profundos reflexos e gravíssimas comoções. Deu-se por esse modo o despertar de toda a América Latina para as implicações da miséria e do subdesenvolvimento. De sorte que povos até ontem contidos nos quadros da tradição e narcotizados pela participação abstrata, numa democracia formal, desamparada de motivações, ideológicas, subitamente se levantam contra o passado, protestando por um novo destino e uma nova formulação da convivência social, por um denominador comum de paz, progresso, compreensão e liberdade.

Nada obstante, nossa História, a história nacional, permanece ópera de poucos atores.

Mal saídos da República militar - sem que tenha cessado a preeminência da farda sobre a casaca (e a toga) dos civis -, vivemos, com o fim dos trabalhos da Constituinte, os momentos finais da transição democrática, que desembocaria em governos civis e democráticos, erigidos pela vontade da soberania popular. A análise do que foram esses governos é matéria para outros ensaios.

É de todo sabida a espetacular vertiginosidade do ritmo das mudanças políticas no conjunto da América hispânica - da qual, por preconceito ideológico, nossas elites se sentem tão arredadas - bem assim o ritmo inegavelmente mais lento das mudanças políticas no Brasil.

Para ilustrar essa evidência, bastaria uma análise comparativa dos processos políticos argentino e brasileiro. Característica comum a todos os países da América espanhola é a velocidade do ritmo das mudanças radicais, à direita e à esquerda, seja de sentido reacionário ou progressista, seja de direção rumo a governos mais totalitários, seja rumo a projetos mais democráticos do ponto de vista político e mais avançados do ponto de vista social. Essa velocidade - Uruguai, Argentina, Nicarágua, Peru - põe-se em contraste em face dos ritmos lentos segundo os quais análogas transformações se dão no Brasil. A queda do Governo constitucional de João Goulart em 1964 começou a ser maquinada no dia mesmo de sua posse,[19]

19. O General Odylio Denys, em seu livro de memórias *Ciclo Revolucionário* (Rio de Janeiro, Nova Fronteira, s.d.), depois de afirmar (p. 15) que "o ciclo revolucionário de 5

e, na verdade, o projeto de retomada militar deita suas raízes na crise cujo epílogo formal foi o suicídio do Presidente Getúlio Vargas. O processo de redemocratização - que ainda prosseguia em 1988, e só se consumaria com a nova Constituição e com o retorno das eleições diretas - principiou com o governo Geisel (1974-1979), mediante a promessa de distensão "lenta, gradual, segura", aliás, anunciada também no discurso de posse de seu antecessor, Garrastazu Médici (1969-1974), presidente da fase protofascista da República militar. Enquanto isso, a Argentina sai da mais insana das ditaduras contemporâneas e do mais irresponsável regime militar que o continente já conheceu, para imediatamente efetuar eleições diretas em todos os níveis, incluindo a presidência da República. A esta é elevado um civil, que, sobre tomar posse, promove nos tribunais o julgamento e a condenação dos militares seus antecessores, responsabilizados, com seus ministros e principais comandantes, por crimes militares e comuns, fato inédito em nossa crônica política. Mas à rapidez de um processo se tem contraposto a promessa de menor gama de riscos de outro. Estaríamos menos sensíveis a retrocessos, talvez porque os regimes autoritários sejam aqui mais duradouros...

De comum a esses países, e à América Latina como um todo, há que registrar a revalorização crítica da idéia de democratização, revalorização que se faz acompanhar doutra discussão, também aguda e agônica, acerca do sentido de democracia, se se trata de um conceito abstrato, adstrito à arena política e às elucubrações, ou se, ao contrário, e finalmente, compreendia uma tarefa que se deve estender aos planos sociais e econômicos, não obstante todos os riscos decorrentes dessas incursões. Espera-se que a lentidão de determinados processos seja recompensada pela maior profundidade de sua raízes.

---

de julho a 31 de março de 1964 tem seu início e seu fim em movimentos revolucionários de vulto, que muito influíram na vida do País, pelas repercussões que tiveram em todas m camadas sociais", reitera (pp. 95 e 176-7) que a conspiração militar que redundou na deposição do Presidente João Goulart teve início imediatamente após a antecipação da consulta plebiscitária que restituiria o presidencialismo. Médici (*in* Scartezini, A. C. *Segredos de Médici,* São Paulo, Marco Zero, 1985, p. 7) declara: "Aquela [conspiraçãoj de 64 nós começamos em 61, com a renúncia de Jânio".

Espera-se, deseja-se, mas nada induz à sua crença.

Pelo contrário, a História contemporânea fortalece os pactos de elites - e o exílio histórico do povo. Assim se deu com a eleição de Tancredo Neves, possibilitando, com a ascensão da nova ordem, apoiada na vontade popular, a projeção da ordem antiga, condenada pelo mesmo imperativo popular. Se Tancredo representava um passo adiante no processo de redemocratização, significava também a garantia de que o passo não seria tão largo quanto desejaria o sentimento nacional.

Com o debate e o povo nas ruas - as "Diretas Já" -, fez-se a transição do regime no regime; o eco das grandes manifestações contrabalançou o poder das armas (oscilando, entre um e outro, os interesses econômicos), e assim políticos e militares puderam concertar o grande acordo que daria a eleição de Tancredo, a Emenda Constitucional nº 25, as eleições de prefeitos e a sustentação do governo Sarney, continuador da antiga ordem na nova ordem, da antiga ordem conservadora na nova ordem "renovadora". O povo, que regressara ao silêncio de suas vidas, retoma a atividade política para assegurar a alternativa político-jurídica engendrada para a Constituinte de 1987; e outra vez mais o pacto de elite assegurará, com o respaldo da opinião pública e do eleitorado, a reconstitucionalização sem mudança, ou a renovação sob a curatela dos conservadores. Não tendo havido ruptura da ordem constitucional anterior (que ao contrário se projeta no novo regime), a constitucionalização brasileira se dá por um processo *sui generis:* sob o controle do regime "deposto". O processo político passou a reger-se pela "carta-compromisso"[20] de Tancredo, mais forte

20. O então Senador Fernando Henrique Cardoso (Debates do III Encontro do Fórum Cone Sul, *Folha de S. Paulo,* 20.5.86) atribui a essa "carta-compromisso" tanto a impossibilidade de convocação de uma assembléia nacional constituinte (com poder constituinte originário de primeiro grau) quanto a decisão de realizar juntas as eleições para o Congresso e os governos estaduais. Para o senador, a Constituinte não se realizou antes simplesmente porque as Forças Armadas não aceitavam. São suas palavras: "Quando se fez a carta-compromisso da Aliança Democrática, colocou-se claramente que a forma da Assembléia Constituinte seria congressual. Claramente, não. Expressou-se algo que levava a essa interpretação, como instrumento de negociação com as Forças Armadas, que estavam, como ainda estão, por trás do sistema de poder. Seguramente, isso foi também, e é, um limite ao processo efetivo de democrati-

do que a vontade da Nação, posto que, tendo a assinatura do Presidente morto, tinha também o aval dos militares, que a poderiam invocar sempre que alguma interpretação menos ortodoxa tendesse a puxar o governo um pouco que fosse à esquerda. Assim, por exemplo, a anistia aos militares cassados pelo regime de 1964 fez-se restrita, e de forma igualmente restrita se procedeu, sempre em nome da "carta", à convocação da "Constituinte": ao invés da prometida Assembléia Nacional Constituinte convocada por *referendum* e legitimada pelo pronunciamento da Nação, um Congresso sem poderes constituintes de primeiro grau atribuiu ao Congresso ordinário a ser eleito em 1986 aqueles mesmos poderes constituintes de que carecia. As eleições deram-se sob o império do "entulho autoritário": todo o arcabouço jurídico do autoritarismo militar permaneceu em vigor, a começar, exemplo mais escandaloso, pela Lei de Segurança Nacional; as eleições fizeram-se ainda sem a "exclusividade", quer dizer, os representantes foram eleitos como deputados e senadores, funções que acumularam com exercício "constituinte"; e mais: as eleições fizeram-se, ao mesmo tempo, em todos os planos, com supremacia das eleições majoritárias e dos temas provincianos sobre as eleições proporcionais (constituintes) e as questões nacionais e institucionais; a propaganda gratuita por rádio e televisão nunca foi igualitariamente tão formal quanto nesse pleito, de sorte que vários partidos dispunham de cerca de um minuto diário para a veiculação de seus candidatos e de seus programas, enquanto os três maiores partidos dispunham de 30, 40 e mais minutos diários! Uma legislação eleitoral draconiana controlou os debates e a propaganda, mas não freou a orgia do poder - de todos os poderes, não só do poder econômico - e a legião de votos nulos foi quase igual à soma dos votos positivos e válidos; ao final, pela vez primeira, o voto válido foi predominantemente não metropolitano, e, por conseguinte, têm presença majoritária em todas as bancadas os deputados estaduais e

zação, e por isso (as Forças Armadas) não queriam". E afirmou mais: "Hoje em dia já não é assim. As Força Amadas não teriam nada a se opor a uma proposta que desse exclusividade à Constituinte. Mas, quando se pactuou, foi assim, e por isso não temos uma Constituição mais pura, e por isso temos este sistema transformista."

federais de origem eleitoral no *Hinterland* de seus estados. "Estranha redemocratização, sem dúvida", exclamaria Fernando Henrique Cardoso, o ex-lider do governo no Congresso.[21]

Para o senador na época, a regra político-institucional do novo regime, por ele denominado de "transformista" foi a da postergação e da indefinição da ordem institucional. Essa política de contínua postergação foi levada a cabo pelo governo Sarney que realizou um pacto implícito com a "mudança responsável", vale dizer, o espírito do "não vamos fazer já o que pode ser feito depois, e não vamos definir muito para deixar que a sociedade se amolde ao clima de liberdade",[22] versão tupiniquim do "às vezes é preciso que tudo mude, para que as coisas permaneçam como estão" (Lampedusa), que, em nosso caso, quer dizer "reconstitucionalização sem mudança". Permanece o exílio.

Episódios culminantes da vida nacional, ocasiões supremas em que a intervenção das idéias e dos princípios forjou nossa consciência de povo e Nação, acham-se retratados com a isenção idônea no conjunto dessa documentação ora coligida e transladada. Todo esse acervo de atos, manifestos, discursos, decretos, leis, cartas, tratados, declarações, representações e proclamações condensa de certa forma o passado de nossa organização, compondo um espelho que reflete o que fizemos, pensamos e sentimos em transcorridas épocas, e continuamos a fazer, pensar e sentir nos dias em curso. Faz vislumbrar também - mercê da visão global daí descortinada - qual a eleição de rumos, o movimento de paixões, o ardor de sentimentos e as fortes razões ou princípios que, em suma, impeliram ainda homens e classes sociais à ação política.

O passado nacional é rico em experiências. As instituições do Império, do ponto de vista político, encerram já um milagre de unidade, que os historiadores têm sobejamente ressaltado e que nunca se deverá perder do continente; produziram com a

---

21. Cardoso, Fernando Henrique. *Um Modelo Politico-Institucional. Comunicação e Politica,* Rio de Janeiro, 1988, p. 97.

22. *Idem.*

emancipação um arquipélago de nações republicanas, fracas, hostis e divididas entre si; essas mesmas forças, aqui também presentes na Independência, na Confederação do Equador e na Guerra dos Farrapos, jamais puderam nos seus efeitos transpor os limites jurídicos das concessões liberais, de que resultariam, quando muito, os traços de federalismo precoce do Ato Adicional, logo refreado ou temperado pela Lei de Interpretação, e o Código de Processo Criminal, a que sucederia dialeticamente a resposta histórica e conservadora da Lei nº 261, de reforma desse mesmo Código - nunca, em suma, a secessão ou desagregação.

Hoje, a direção e o destino do País demandam menos curiosidade científica que o dever de uma análise de idéias e instituições, em termos de profundidade e conscientização nacional. Sem o conhecimento, porém, das fontes onde assentamos nossa raízes políticas, sem a contemplação de tantos desacertos que o painel documental oferece, não será possível estabelecer a correspondência com o passado e a harmonia ou coerência com os fundamentos e origens da Nação. Divulgar largamente tais formas significativas visa, em primeiro lugar, a facilitar a inteligência do que fomos e, do mesmo passo, a contribuir por via eficaz para o entendimento do que haveremos de ser nesse amanhã menos distante, que nossa geração porfiadamente forceja por antecipar.

1.2. NEOLIBERALIMO

José Dorival da Veiga Guimarães

Durante as primeiras décadas após a Segunda Grande Guerra, os países industriais cresceram rápida e constantemente. A inflação era moderada e o desemprego muito baixo. Isso tudo era explicado como fruto da expansão econômica, conhecido como a Idade de Ouro, compreendida entre 1950 e 1974.

Porém ao final dos anos 60, o mundo industrial já começara a encontrar problemas. A crise começou com manifestações, expressões de descontentamento e insatisfação popular, a isso se seguindo uma escassez de matérias primas, seguida de rápida inflação, desemprego crescente e finalmente estagnação econômica.

A explicação para estes acontecimentos decorre dos limites do desenvolvimento econômico do pós-guerra e aos limites do próprio capitalismo associado a uma série de fatos que ocorreram como veremos a seguir:

1) insatisfação popular;

2) guerra do Vietnã;

3) crise do trigo russo e o primeiro choque do petróleo;

4) empréstimos internacionais com taxas de juros flutuantes decorrentes dos petrodólares (segundo choque do petróleo);

5) aumento das taxas de juros dos Estados Unidos.

1. Insatisfação Popular

Nos EUA, a insatisfação popular estava ligada a movimentos estudantis contra a Guerra do Vietnã e a movimentos em prol da cidadania (principalmente a dos negros). Na Europa Ocidental o movimento era mais difuso, incluindo estudantes e algumas minorias como trabalhadores imigrantes, vindos em geral das antigas ex-colônias européias, mas os operários europeus estavam revoltados com a ordem econômica.

Até hoje não se consegue explicar com clareza a simultaneidade destes movimentos. Uma tendência baseada em Michel Foucault diz que a nova geração que cresceu no período do pós-guerra, sem memória da Grande Depressão e acostumada com a prosperidade da época, começou a exigir cada vez mais bem-estar social e salários cada vez mais altos.

Porém, os benefícios conseguidos pelos trabalhadores, como o sistema de apoio ao desemprego e seguridade social dos EUA, indexação imediata da inflação, no caso da França, aumentou em muito as contas dos gastos públicos. O contra-ataque apareceu em outra forma. As empresas tentaram empregar mais jovens, imigrantes de todas as espécies, ilegais e mais mulheres (EUA), e finalmente dar emprego por período temporário e sem contratos (França).

2. *A Guerra do Vietnã*

A guerra do Vietnã foi financiada sem aumento dos impostos porque o Senado americano não declarou guerra, daí a necessidade de emissão de dólares. Isto gerou um enorme *déficit* público e então a inflação logo começou a acelerar. Com o *déficit* dos EUA, uma das saídas foi a desvalorização cambial. Este aspecto é considerado pelos economistas como crucial para se entender uma espiral inflacionária: *déficit* publico pago com emissão de moeda que por si só gera inflação que aumenta o *déficit* público que aumenta a inflação que termina mais cedo ou mais tarde por causar uma desvalorização cambial.

3. *A Crise do Trigo Russo e O Primeiro Choque do Petróleo*

A quebra da safra de trigo na União Soviética fez com que ela buscasse comprá-lo internacionalmente, de maneira que seu preço aumentou vertiginosamente. O volume de trigo comprado foi grande devido ao fato do pão ser um alimento básico para o povo russo. O grande fator problemático da quebra é que o trigo entra no cálculo de inflação de todos os grandes países capitalistas e seu aumento de preço enlouqueceu ainda mais a perspectiva inflacionária da época.

O outro aspecto determinante do início da crise internacional dos anos 70 foi a redução da oferta do petróleo orientada pelos países árabes. Com isso o petróleo subiu 1200% e ocasionou decisivamente a subida da inflação. Como os salários não poderiam ser diminuídos e os preços estavam aumentando por causa da inflação, houve uma grande incerteza. Uma vez que não podia se saber se a alteração nos preços era temporária ou definitiva, se buscou um aumento das aplicações financeiras como forma de se obter lucro e isso reduziu o volume de dinheiro para investimentos. A incerteza estava ao lado do produtor e da produção. Não se sabia ao certo onde investir e o que produzir, dado ao alto custo do petróleo. No Brasil a busca ficou caracterizada pela criação do pró-álcool e fim do Milagre Econômico, mas o pior ainda estava por vir.

Um outro aspecto importante foi o aspecto psicológico do momento. Mudava-se da expansão econômica para a recessão, na qual os economistas passaram a desconfiar da curva de Phillips já que o momento era de estagnação, ou seja inflação com desemprego, o que contradizia as perspectivas da curva. Devido a grande interdependência entre as nações, todo o mundo industrial encarou uma recessão.

Entretanto, o impacto da crise do petróleo foi muito menos severo nas taxas de crescimento dos países em desenvolvimento. Nos países asiáticos buscou-se então os salários baixos na produção em massa dos itens de consumo. Em países como o Brasil e a Polônia o investimento se deu baseado nos empréstimos facilitados pelas baixas taxas de juros da época e a grande facilidade de crédito, que era resultado da grande quantidade de petrodólares depositada nos bancos dos países europeus.

Na Europa a busca por salários mais baixos obrigou os países a abrirem as portas das fronteiras aos imigrantes oriundos das antigas colônias e do norte da África.

4. O Segundo Choque do Petróleo

O segundo choque do petróleo foi produzido pela revolução iraniana de 1979. O preço do petróleo novamente subiu vertiginosamente, destruindo a confiança no modelo de ajuste internacional que estava se realizando a nível mundial para tentar se reverter a posição de crise que o mundo passava.

Nos EUA, França, Inglaterra e Itália a inflação se acelerou muito e isso obrigou os países a restringirem a quantidade de produtos a serem colocados no mercado, de maneira que seus PNBs declinaram ou estagnaram, fato este que impulsionou a economia japonesa dado que o japão crescia a uma média de 5,5% ao ano. Outro aspecto da recessão foi que as taxas de juros caíram a níveis jamais vistos no pós-guerra.

Com a recessão, a economia americana estagnou, o desemprego cresceu, a produtividade diminuiu mas a inflação não caiu. O Banco Central Americano, que tinha uma tradição de independência, reagiu aumentando as taxas de juros.

Com este aumento o mundo entrou definitivamente em depressão. Em contraste com anos anteriores, os países em desenvolvimento tiveram que refinanciar suas dívidas a taxas de juros muito altas, a exemplo do Brasil que havia tomado muito dinheiro a taxa de juros flutuantes e terminou na maior crise de sua história recente, caindo naquilo que se chamou "A Década Perdida", ou melhor, os anos 80.

Aliado a isso tudo, a política de conservação de energia a longo prazo produziu uma queda de consumo de petróleo e a criação de carros cada vez menores e mais competitivos em termos de utilização de gasolina. Isso levou também os países da OPEP à recessão.

Todos os problemas ocorridos no final da década de 70 criaram a possibilidade de aparecimento da última teoria econômica deste fim de século: *o neoliberalismo*

O neoliberalismo é filho da Crise Fiscal do Estado porque se esgotou o Estado de Bem-Estar Social desenvolvido no pós-guerra (1945-1970). Neste momento crucial da história deste século as pessoas quiseram mais bem estar social, mais segurança, maior aposentadoria, maiores pensões com uma pequena e sutil diferença: elas não estavam dispostas a pagar para que isso se realizasse. O ser humano nunca foi tão sensível ao não pagamento de impostos como a partir da década de 70.

Podemos lembrar a definição marxista de que o Estado é um instrumento coercitivo de uma classe dominante. Porém é contra o Estado que se batem todas as ondas do conflito social, é contra este mesmo Estado que se levantam os desempregados, os estudantes que não encontram empregos ao saírem das Universidades e toda uma classe de "descamisados" e SDF (do francês, *Sans Domicile Fixe*), *Sem Domicílio Fixo*, expressão usada de maneira inequívoca para se definir este tipo de perdedor do sistema capitalista francês.

Utilizando a velha Lei de Murphy que diz que se algo pode dar errado, mais cedo ou mais tarde deverá dar, o sistema capitalista se mostrou tolerante com tantos anos de bem-estar social, crescimento e segurança social, mas ele não superou a crise central deste fim de século, ou pelo menos deste últimos 25 anos do próximo milênio. A solução veio de longe do velho continente. Daqui do continente sul-americano se ergueu para ganhar o mundo a grande teoria do Estado neoliberal. O Chile, sob a ditadura de Pinochet foi o primeiro regime neoliberal da história, isto dez anos antes de Thatcher na Inglaterra. O Chile começou sua onda neoliberal de maneira dura, usando todas as armas do receituário neoliberal: desregulação, desemprego massivo, repressão sindical, distribuição de renda a favor dos ricos e privatização em massa. Você poderia argumentar que o neoliberalismo do Chile implicou numa forte ditadura, uma das piores do pós-guerra, porém a democracia não é um valor do neoliberalismo.

As raízes da crise, afirmavam os teóricos neoliberais, estavam no poder excessivo e demoníaco do sindicatos e, de maneira geral, do movimento operário. Dizia-se que o único movimento que o operário devia fazer era andar de porta em porta atrás de um emprego com salário cada vez menor. Considerava-se que este movimento operário havia corroído as bases de acumulação e de lucro do sistema capitalista com suas pressões reivindicativas sobre os salários e com suas pressões parasitárias para que o Estado aumentasse cada vez mais os gastos sociais.

Daí veio a solução neoliberal: manter um Estado *forte* em sua capacidade de romper o poder sindical (a exemplo da greve de 1995 dos funcionários da Petrobrás) e no controle da emissão do dinheiro, e *fraco* em todos os gastos sociais e nas intervenções econômicas. Para que isso pudesse acontecer era necessário uma disciplina orçamentária com uma contenção dos gastos do bem-estar social e com a saudável volta do exército de desempregados da década de 30, ou seja, a criação de um exército de mão-de-obra de reserva de trabalho para quebrar os sindicatos. Outras reformas se faziam necessárias para se estimular os agentes de maior poder econômico, como por exemplo reduzir os impostos dos ricos, para que uma nova e saudável desigualdade pudesse voltar a dinamizar as economias avançadas.

Na Inglaterra em 1979, foi eleito o governo Thatcher, o primeiro regime de um país de capitalismo avançado que estava publicamente empenhado em por em prática o programa neoliberal. Um ano mais tarde (1980) chegou ao poder nos Estados Unidos, Reagan. Em 1982 Khol derrotou o regime social liberal de Helmut Schimidt, na Alemanha.

De todos os modelos de neoliberalismo, o Inglês foi o mais puro e o pioneiro. A Sra. Thatcher contraiu a emissão monetária, elevou a taxa de juros, baixou drasticamente os impostos sobre os rendimentos altos, aboliu o controle sobre a ciranda e os fluxos financeiros, criou um fluxo de desemprego massivo, destruiu todas as greves impondo uma legislação anti-sindical e cortou todos os gastos sociais possíveis e, para delírio de todos os teóricos do neoliberalismo, se lançou na maior onda de privatizações começando pela habitação pública, passando em seguida a indústrias básicas como o aço, a eletricidade, o petróleo, o gás e a água. O pacote de medidas neoliberais foi o mais sistemático e ambicioso.

Nos Estados Unidos, onde não havia quase nenhum bem-estar social nos moldes dos países europeus, a prioridade Neoliberal era a competição militar contra a União Soviética, concebida, como já se sabe hoje, como uma estratégia para quebrar a economia soviética e derrubar o regime comunista na Rússia. Não se pode esquecer que a administração Reagan também reduziu impostos para os ricos, elevou a taxa de juros (o que por si só arruinou a economia brasileira dos anos 80, porque nossos empréstimos estrangeiros eram calculados a partir da taxa de juros americana) e acabou com o já pouco organizado sistema sindical americano.

A França, através de seu governo socialista de François Miterrand se viu forçada pelos mercados financeiros a buscar uma política neoliberal nos moldes já mais realistas e terminou por perder a última eleição presidencialista para o partido RPR (*Rassemblement Pour la République*) da direita representada por *Monsieur* Jacques Chirac. No final dos anos 80 o nível do desemprego era mais alto que na Inglaterra e só perdia para a Espanha de Gonzalez, que sempre se mostrou omisso e extremamente monetarista, só acordando para a realidade quando o nível de desemprego chegou em torno de 20% da população ativa, com um número tão grande de camelôs que deixaria horrorizado qualquer carioca.

A prioridade inicial mais imediata do neoliberalismo era deter a inflação enorme dos anos 70. Neste aspecto seu êxito foi inegável. Na Europa a inflação caiu de 8,8% nos anos 70 para 5,2 nos anos 80 e em torno de 2,3% nos anos 90. O segundo êxito foi no cruel jogo do lucro das empresas capitalistas de -5,3% nos anos 70 para 5,2%, a razão disto sendo a queda do movimento sindical. O terceiro êxito do neoliberalismo foi o crescimento da taxa de desemprego, concebido como um mecanismo natural e necessário a qualquer economia de mercado. O quarto e grande êxito do neoliberalismo foi o grau de desigualdade social - talvez o objetivo mais importante de todos os princípios neoliberais - o neoliberalismo precisa que os ricos como classe dominante possam servir de válvula propulsora para a reanimação do capitalismo avançado mundial.

O Grande Paradoxo, entre os anos 70 e 80 é que não houve nenhuma mudança, eu vou repetir, nenhuma mudança na taxa de crescimento nos países da Europa. Dos anos dourados restam apenas uma vaga lembrança. Por que isto ocorreu? Porque a desregulamentação financeira que foi um elemento importante do programa neoliberal criou condições muito mais propícias para a especulação financeira do que para o investimento produtivo. Durante os anos 80 aconteceu uma verdadeira explosão de transações puramente monetárias, que acabaram por diminuir o comércio mundial de mercadorias reais, e este foi o primeiro grande fracasso do neoliberalismo; o segundo foi que os gastos do Estado com bem-estar social em vez de caírem, aumentaram, por um lado por causa do gasto de bilhões de dólares com auxílio-desemprego, por outro devido ao aumento demográfico dos aposentados que levou o Estado a gastar outros bilhões em pensões. Há em torno de 50 milhões de desempregados na Europa e *este* é o futuro do debate no mundo contemporâneo: como resolver o problema da exclusão social ocasionado pelas políticas de desemprego do neoliberalismo? Isto só a geração de historiadores dos anos 90 poderá, na próxima década, fazer - aquilo que eles sabem como nenhuma outra ciência do comportamento humano até hoje se dispôs a fazer: *a retrospectiva histórica*.

1.3. *DO CONTRATO SOCIAL*- JEAN-JACQUES ROUSSEAU Fichamento para Estudo da Obra

Do Contrato Social, Jean-Jacques Rousseau; tradução de Lourdes Santos Machado; introdução e notas de Paulo Arbousse-Bastide e Lourival Gomes Machado, 2ª ed., São Paulo, Abril Cultural, Os Pensadores, 1978.

Apesar de sua família ser oriunda da França, Jean-Jacques Rousseau nasceu no dia 28 de junho de 1712 em Genebra, Suíça. Não parecia muito satisfeito com a vida que levava, e a partir de então, o que não faltou foi vontade de pensar e repensar o homem, a sociedade. Rousseau era filho de uma família de quatorze irmãos. Descendia de uma família de religiosos protestantes da França do século XVI. Seu pai, Isaac Rousseau, casou-se com Suzanne Bernard, filha do pastor da localidade, e logo depois do nascimento do primeiro filho, viajou para Constantinopla, para se tornar relojoeiro junto a um sultão. Deixou a esposa em Genebra. Depois de algum tempo em Constantinopla, Isaac Rousseau voltou a Genebra e reencontrou sua esposa. Concebem o segundo filho, Jean-Jacques, e a mãe falece logo após o parto (7 de julho). Já no nascimento, Rousseau mostrou uma saúde fraca, debilitada. Esta fragilidade o acompanhará por toda sua vida. No mais, Rousseau cresceu e se informou, leu muitos autores clássicos, autores gregos, história universal, etc...

Rousseau se descontentava com as perspectivas que conseguia vislumbrar. Além dos livros, conseguia encontrar consolo nos passeios pelo campo. Pouco interessado com o trabalho, Rousseau sabia o tanto que a fome angustiava, e por isso, dela tentava sempre se defender. Procurou então o cura de Confinon, que se dedicava à tarefa de reconduzir ao seio da Igreja Romana os jovens calvinistas de Genebra. Apesar de tediosa a ocupação que ali exercia, era um opção fácil para resolver o seu problema de subsistência, sendo, contudo, uma situação precária.

Certo dia, ocorre um fato que dará um rumo à sua vida. Assim descreve Marilena de Souza Chauí:

"Numa tarde do ano de 1749, um homem caminha pela estrada entre Paris e Vincennes. São treze quilômetros de terra batida, as árvores estão desfolhadas e distanciam-se muito umas das outras. Quase não há sombra alguma para suavizar o calor excessivo do verão, e o homem cansa-se fazendo o percurso a pé, pois não tem dinheiro para alugar um fiacre. É relativamente moço, com seus trinta e sete anos de idade, e procura apressar o passo para chegar mais cedo. Carrega consigo um exemplar do *Mercure de France* para distrair-se e lê ao acaso o que lhe cai sob os olhos. Num desses momentos, tem a atenção despertada por uma notícia sobre o concurso da Academia de Dijon para o ano seguinte. Os interessados deveriam escrever sobre o tema: 'Se o progresso das ciências e das artes contribuiu para corromper ou apurar os costumes'.

(...) A notícia deixa-o subitamente transtornado. Toma-se de um entusiasmo como jamais sentira e divisa um outro universo mental. Sente a cabeça tonta como se estivesse embriagado e o coração bate com violência, dificultando a respiração e o andar. Arroja-se debaixo da primeira árvore que oferece sombra e ali fica mais de meia hora em intensa agitação interior. Ao levantar-se, fica surpreso com a roupa toda molhada de lágrimas, sem ter sentido derrramá-las. Imediatamente põe-se a tomar notas para responder à questão proposta e redige uma pequena dissertação.

(...) Nascia, assim, a primeira de uma série de obras de pensamento em que a mesma carga emocional estaria sempre presente, compondo um conjunto de idéias radicadas profundamente na vida do autor e da qual não podem ser desligadas." (*Nota Introdutória*).

A partir desse episódio contado por Marilena de Souza Chauí, Rousseau começa a escrever cada vez mais sobre as questões que o incomodavam. Umas das angústias que foi tema constante de seus pensamentos foi a liberdade. Via a liberdade como o bem supremo do homem. Exaltava também a imaginação, o sentimento, a razão e tantos outros temas característicos, muitas vezes contraditórios, que formavam o seu arcabouço teórico e prático, que muito contribuiu para as outras gerações futuras. A obra de Rousseau, sem dúvida nenhuma, abrange uma grande dimensão de pensamento e de complexidade sobre a natureza humana. Inclusive o antropólogo Claude Levi-Strauss, em um de seus ensaios, comenta que sua maior influência, no estudo da antropologia estrutural, foi a estruturação filosófica e as idéias de Jean-Jacques Rousseau. Bem, aqui neste trabalho, abordaremos somente *Do Contrato Social*,[23] devido ao caráter mais político da obra, que satisfaz mais às necessidades deste curso de Teoria Política Moderna.

No texto de *Do Contrato Social*, o que Rousseau expõe aos leitores são questões relativas à legitimidade da soberania, ao fundamento legítimo da sociedade política, às condições e aos limites em que opera o poder soberano e, por fim, aborda as formas e funcionamento do poder governamental e do aparato burocrático complementar. E assim começa Rousseau: "*O homem nasce livre, e por toda a parte encontra-se a ferros. O que se crê senhor dos demais, não deixa de ser mais escravo do que eles. Como adveio tal mudança? Ignoro-o . Que poderá legitimá-la? Creio poder resolver esta questão. Se considerasse somente a força e o efeito que dela resulta, diria: 'quando um povo é obrigado a obedecer e o faz, age acertadamente; assim que pode sacudir esse jugo e o faz, age melhor ainda,*

23. *Do Contrato Social*, obra também editada na Série Clássicos Edipro, trad. Edson Bini.

porque, recuperando a liberdade pelo mesmo direito por que lha arrebataram, ou tem ele o direito de retomá-la ou não o tinham de subtraí-la'. A ordem social, porém, é um direito sagrado que serve de base a todos os outros. Tal direito, no entanto, não se origina da natureza: funda-se, portanto, em convenções. Trata-se, pois, de saber que convenções são essas. Antes de alcançar esse ponto, preciso deixar estabelecido o que acabo de adiantar" (p. 22). Ainda formulando as suas asserções, Rousseau continua explicando as primeiras sociedades e o aspecto da liberdade: "*...essa liberdade comum é uma conseqüência da natureza do homem. Sua primeira lei consiste em zelar pela própria conservação, seus primeiros cuidados são aqueles que se deve a si mesmo, e, assim que alcança a idade da razão, sendo o único juiz dos meios adequados para conservar-se, torna-se, por isso, senhor de si... A família é, pois, se assim se quiser, o primeiro modelo das sociedades políticas: o chefe é a imagem do pai; o povo, a dos filhos, e todos, tendo nascido iguais e livres, só alienam sua liberdade em proveito próprio*" (p. 24).

Para chegar a uma forma de associação segura entre os homens, as relações de poder e direito entre eles, Rousseau esclarece sobre a natureza inicial dos homens. Mostra os homens num estado anterior, chamado *estado de natureza*, e num estado posterior, o *estado civil*. Este estado posterior marca a degeneração do primeiro e a necessidade de estabelecer um contrato que irá reger a relação de soberania e poder entre os homens que seja legítima: um pacto social, que ele mesmo cita, que estabeleça entre os cidadãos uma tal igualdade, que eles se comprometam todos com as mesmas condições e devam todos gozar dos mesmos direitos. Voltemos a Rousseau: "*...Relativamente ao direito de conquista, não dispõe ele de outro fundamento além da lei do mais forte. Se a guerra não confere jamais ao vencedor o direito de massacrar os povos vencidos, esse direito, que ele não tem, não poderá servir de base ao direito de matar o inimigo quando não se pode torná-lo escravo; logo, o direito de transformá-lo em escravo não vem do direito de matá-lo, constituindo, pois, troca* *iníqua o fazê-lo comprar, pelo preço da liberdade, sua vida, sobre a qual não se tem qualquer direito... Assim, seja qual for o modo de encarar as coisas, nulo é o direito de escravidão não só por ser ilegítimo, mas por ser absurdo e nada significar. As palavras escravidão e direito são contraditórias, excluem-se mutuamente. Quer de um homem a outro, quer de um homem a um povo, será sempre igualmente insensato este discurso: 'Estabeleço contigo uma convenção ficando tudo a teu cargo e tudo em meu proveito, convenção essa a que obedecerei enquanto me aprouver e que tu observarás enquanto for do meu agrado'."* (p. 30).

O sentimento do homem no estado de natureza e a sua preocupação eram a sua existência e a sua conservação. Não havia educação, conseqüentemente não havia progresso. O homem é movido pelos seus instintos, pelas inclinações; é um animal estúpido e limitado. Em contraposição, o civilizado tem noção de justiça, é movido mais pela razão, suas faculdades se exercem e se desenvolvem e ele se torna um ser inteligente, um homem. Para Hobbes o homem é movido por paixões, e ao serem iguais tentam subjugar um ao outro. Em Rousseau o homem natural não tem autoridade sobre seus semelhantes. Já em Maquiavel, encontra-se um homem pérfido e egoísta.

Rousseau considera que a propriedade privada foi o marco para a mudança do estado de natureza para o estado civilizado. Foi através da apropriação que se gerou a sociedade civil. E o homem civilizado surgiria do progresso, aperfeiçoamento e qualidades pessoais do gênero humano.

Na sociedade só se é obrigado a obedecer aos poderes legítimos. É isso o que o autor propõe. Ele não concorda com o direito do mais forte, com a idéia do direito feito pela força, e sim acredita que o poder deva ser exercido sob a direção suprema da vontade geral. Uma pessoa pública formada pela união de todas as outras, tendo como base máxima a liberdade e a soberania popular de maneira absoluta. Concebe a soberania como 'indivisível e inalienável'. Como uma vontade geral, com interesse comum e utilidade pública. Assim a sociedade deve ser governada. Através do contrato social, o Estado se tornaria o bem de todos, o provedor da condição de convívio, de união e prosperidade. O pacto fundamental se firma por uma igualdade moral e legítima, contra aquilo que a natureza poderia trazer de desigualdade física entre os homens.

Ilustraremos com mais passagens da obra: "*Suponhamos os homens chegando àquele ponto em que os obstáculos prejudiciais à sua conservação no estado de natureza sobrepujam, pela sua resistência, as forças de que cada indivíduo dispõe para manter-se nesse estado. Então, esse estado primitivo já não pode subsistir, e o gênero humano, se não mudasse de modo de vida, pereceria... Ora, como os homens não podem engendrar novas forças, mas somente unir e orientar as já existentes, não têm eles outro meio de conservar-se senão formando, por agregação, um conjunto de forças, que possa sobrepujar a resistência, impelindo-as para um só móvel, levando-as a operar em concerto... As cláusulas desse contrato são de tal modo determinadas pela natureza do ato, que a menor modificação as tornaria vãs e de nenhum efeito, de modo que, embora talvez jamais enunciadas de maneira formal, são as mesmas em toda parte, e tacitamente mantidas e reconhecidas em todos os lugares, até quando, violando-se o pacto social, cada um volta a seus primeiros direitos e retoma sua liberdade natural, perdendo a liberdade convencional pela qual renunciara àquela. Essas cláusulas, quando bem compreendidas, reduzem-se todas a uma só: a alienação total de cada associado, com todos os seus direitos, à comunidade toda, porque, em primeiro lugar, cada um dando-se completamente, a condição é igual para todos, e, sendo a condição igual para todos, ninguém se interessa por torná-la onerosa para os demais... Se separar-se, pois, do pacto social aquilo que não pertence à sua essência, ver-se-á que ele se reduz aos seguintes termos: 'Cada um de nós põe em comum sua pessoa e todo o seu poder sob a direção suprema da vontade geral, e recebemos, enquanto corpo, cada membro como parte indivisível do todo'. Imediatamente, esse ato de associação produz, em lugar da pessoa particular de cada contratante, um corpo moral e coletivo, composto de tantos membros quantos são os votos da assembléia, e que, por esse mesmo ato, ganha sua unidade, seu eu comum, sua vida e sua vontade. Essa pessoa pública, que se forma, desse modo, pela união de todas as outras, tomava antigamente o nome de cidade e, hoje, o de república ou de corpo político, o qual é chamado por seus membros de Estado quando passivo, soberano quando ativo, e potência quando comparado a seus semelhantes. Quanto aos associados, recebem eles, coletivamente, o nome de povo e se chamam, em particular, cidadãos, enquanto participes da autoridade soberana, e súditos enquanto submetidos às leis do Estado. Esses termos, no entanto, confundem-se freqüentemente e são usados indistintamente; basta saber distingui-los quando são empregados com inteira precisão.*" (pp. 31 a 34).

Rousseau continua suas explicações acerca do pacto social observando que, uma das características primordiais desse contrato seria o aspecto da soberania, ou seja, "*A primeira e mais importante conseqüência decorrente dos princípios até aqui estabelecidos é que só a vontade geral pode dirigir as forças do Estado de acordo com a finalidade de sua instituição, que é o bem comum, porque, se a oposição dos interesses particulares tornou necessário o estabelecimento das sociedades, foi o acordo desses mesmos interesses que o possibilitou. O que existe de comum nesses vários interesses forma o liame social e, se não houvesse um ponto em que todos os interesses concordassem, nenhuma sociedade poderia existir. Ora, somente com base nesse interesse comum é que a sociedade deve ser governada... Afirmo, pois, que a soberania, não sendo senão o exercício da vontade geral, jamais pode alienar-se, e que o soberano, que nada é senão um ser coletivo, só pode ser representado por si mesmo. O poder pode transmitir-se; não, porém, a vontade... A soberania é indivisível pela mesma razão por que é inalienável, pois a vontade ou é geral, ou não o é; ou é a do corpo do povo, ou somente de uma parte. No primeiro caso, essa vontade declarada é um ato de soberania e faz lei; no segundo, não passa de uma vontade particular ou de um ato de magistratura, quando muito, de um decreto.*" (pp. 43 e 44).

Daí Rousseau considerar a vontade geral podendo somente ser o que há de comum em todas as vontades individuais, ou seja, o substrato coletivo das consciências, a estrutura. E nesse contexto, a noção de soberania implica a noção de poder sem contraste. Por outro lado, não se concebe o ente moral, oriundo do contrato, sem vontade própria. Por isso um povo não pode entregar-se a um senhor sem deixar de ser povo, soberano e corpo político. Essa vontade geral nem sempre será unânime. Basta que haja a contagem de todos os votos, dentro de um acordo formal que não pode ser rompido, mesmo em suas regras mínimas, em suas generalidades.

Entendendo o poder político como fruto do povo, o poder soberano não pode passar dos limites das convenções gerais, não pode haver interesse privado. O pacto social dará existência e vida ao corpo político e as leis darão o movimento e a vontade . As convenções e as leis são necessárias para unir os direitos aos deveres, e conduzir a justiça ao seu objetivo. Para Rousseau lei é um ato no qual a matéria sobre a qual se estatui é geral, como a vontade que a estatui. As leis são condições da associação civil.

Acredita que antes de se estabelecer essas leis, é necessário conhecer o povo que a elas se sujeitará. Assim ele procura o povo que está apto à determinada legislação, que deveria ser aquele que não tenha sofrido o verdadeiro jugo das leis, não tenha costumes ou superstições arraigadas. Esse caráter legal que Rousseau atribui ao pacto social, se firma nessas bases: "*Quando digo que o objeto das leis é sempre geral, por isso entendo que a Lei considera os súditos como corpo e as ações como abstratas, e jamais um homem como um indivíduo ou uma ação particular. Desse modo, a Lei poderá muito bem estatuir que haverá privilégios, mas ela não poderá escondê-los nominalmente a ninguém: a Lei pode estabelecer diversas classes de cidadãos, especificar até as qualidades que darão direito a essas classes, mas não poderá nomear este ou aquele para serem admitidos nelas; pode estabelecer um governo real e uma sucessão hereditária, mas não pode eleger um rei ou nomear uma família real. Em suma, qualquer função relativa a um objeto individual não pertence, de modo algum, ao poder legislativo. Baseando-se nessa idéia, vê-se logo que não se deve mais perguntar a quem cabe fazer as leis, pois são atos da vontade geral, nem se o príncipe está acima das leis, visto que é membro do Estado; ou se a Lei poderá ser injusta, pois ninguém é injusto consigo mesmo, ou como se pode ser livre e estar sujeito às leis, desde que estas não passam de registros de nossas vontades... Chamo pois de república todo o Estado regido por leis, sob qualquer forma de administração que possa conhecer, pois só nesse caso governa o interesse público e a coisa pública passa a ser qualquer coisa. Todo o governo legítimo é republicano... O povo, submetido às leis, deve ser o seu autor. Só àqueles que se associam cabe regulamentar as condições da sociedade.*" (pp. 53 a 55).

O governo seria o exercício do poder legítimo das várias partes: magistrados ou reis, governantes, príncipes. O governo tem poderes delegados do povo. É considerado coletivamente e como um corpo. Para que esse governo tenha existência é necessário uma existência particular que para Rousseau são as assembléias, conselhos, com poder de deliberar e de resolver, direitos, títulos... Lembrando que, se houverem muitos magistrados, o governo tenderá a enfraquecer-se. Esses poderes são regidos por leis, dentro de uma teia de relações estabelecidas pelo contrato social que, por conseqüência, baseia-se nos usos e costumes dos habitantes, na opinião, no aspecto racional da moral exercida pelos integrantes na vida cotidiana. Dessa maneira, a ordem do pacto vem a se fundar na consciência dos homens através da educação, preparando-os para o comportamento adequado e necessário para o convívio em comum.

Nesses termos, Rousseau continua: "*A fim de ordenar o todo ou para dar a melhor forma possível à coisa pública, há várias relações a considerar. Primeiro, a ação do corpo inteiro agindo sobre si mesmo, isto é, a relação do todo com o todo, ou do soberano com o Estado; como logo veremos, tal relação compõe-se da relação dos termos intermediários. As leis que regulamentam essa relação recebem o nome de leis políticas e chamam-se também leis fundamentais, não sem alguma razão no caso de serem sábias, pois, se existe em cada Estado somente uma boa maneira de ordená-lo, o povo que a encontrou deve conservá-la; se a ordem estabelecida é, porém, má, por que se tomariam por fundamentais leis que a impedem de ser boa? Aliás, seja qual for a situação, o povo é sempre senhor de mudar suas leis, mesmo as melhores, pois, se for de seu agrado fazer o mal a si mesmo, quem terá o direito de impedi-lo? A segunda relação é a dos membros entre si ou com o corpo inteiro, e essa relação deverá ser, no primeiro caso, tão pequena, e, no segundo, tão grande quanto possível, de modo que cada cidadão se encontre em perfeita independência da pólis - o que se consegue sempre graças aos mesmos meios, pois só a força do Estado faz a liberdade de seus membros. É desta segunda relação que nascem as leis civis. Pode-se considerar um terceiro tipo de relação entre o homem e a Lei, a saber, a da desobediência à pena, dando origem ao estabelecimento das leis criminais que, no fundo, instituem menos uma espécie particular de leis do que a sanção de todas as outras. A essas três espécies de leis, junta-se uma quarta, a mais importante de todas, que não se grava nem no mármore, nem no bronze, mas nos corações dos cidadãos; que faz a verdadeira constituição do Estado; que todos os dias ganha novas forças; que, quando as outras leis envelhecem ou se extinguem, as reanima ou as supre, conserva um povo no espírito de sua instituição e insensivelmente substitui a força da autoridade pela do hábito. Refiro-me aos usos e costumes e, sobretudo, à opinião, essa parte desconhecida por nossos políticos, mas da qual depende o sucesso de todas as outras; parte de que se ocupa em segredo o grande Legislador, enquanto parece limitar-se a regulamentos particulares que não são senão o arco da abóbada, da qual os costumes, mais lentos para nascerem, formam por fim a chave indestrutível.*" (p. 69).

Apesar de abordar a democracia, a aristocracia ou a monarquia, para Rousseau o que caracteriza um bom governo, é a conservação e a prosperidade de seus membros; o número e sua povoação. Entretanto vão aqui algumas ressalvas sobre a democracia: "*Creio, com efeito, poder estabelecer em princípio que, quando as funções do Governo são divididas por inúmeros tribunais, os menos numerosos adquirem, mais cedo ou mais tarde, a maior autoridade, quando mais não fosse, somente pela facilidade de resolver as questões, que naturalmente a tanto os leva... Acrescentemos que não há forma de governo tão sujeita às guerras civis e às agitações intestinas quanto a forma democrática ou popular, porque não há outra que tenda tão forte e continuamente a mudar de forma, nem que exija mais vigilância e coragem para ser mantida na forma original. É, sobretudo, nessa constituição que o cidadão deve armar-se de força e constância, e ter presente no coração, ou seja, a liberdade... Se existisse um povo de deuses, governar-se-ia democraticamente. Governo tão perfeito não convém aos homens.*" (pp. 85 e 86).

A vontade geral, para Rousseau, é indestrutível e, ela deixando de existir, o povo tem o direito de insurgir-se contra o ditador. No seu país de origem, Suíça, Rousseau teve a oportunidade de se defrontar com dois tipos de realidade: em Genebra encontrava-se o modelo de cidade populosa e rica da Europa, e nas cidades do interior do país, era possível defrontar-se com comunidades rurais que viviam de forma frugal e pacífica. Daí Rousseau passa a se desencantar cada vez mais com Genebra e se apega ao modo de vida mais simples dos camponeses de certos cantões montanheses. Baseado nesses dois tipos de modelos, Rousseau entende que a vontade geral tem maior probabilidade de revelar-se por intermédio do maior número de representação, a rigor, nada vale a opinião isolada de cada um, que é o reflexo das diferenças individuais, mas a expressão, por cada um, do que todos têm de comum, que seria exatamente a vontade geral.

Assim continua Rousseau: "*Concluir-se-á daí que a vontade geral esteja aniquilada e corrompida? Não; ela é sempre constante, inalterável e pura, mas encontra-se subordinada a outras que a sobrepujam. Cada um, desligando seu interesse do interesse comum, bem sabe que não o pode isolar completamente; sua parte do mal público, porém, não lhe parece nada, em face do bem exclusivo de que pretende apropriar-se. Excetuado esse bem particular, ele deseja, tão fortemente quanto qualquer outro, o bem geral em seu próprio interesse. Mesmo quando vende seu voto a peso de dinheiro, não extingue em si a vontade geral - ilude-a. A falta que comete é mudar a natureza da questão e responder coisa diversa daquilo que se lhe pergunta, de modo que, em lugar de dizer, com seu voto, 'é vantajoso para o Estado', ele diz 'é vantajoso para tal homem ou tal partido que seja aprovada tal ou qual proposta'. Assim, a lei da ordem pública nas assembléias não está tanto em nelas manter a vontade geral, quanto em fazer com que sempre seja consultada e sempre responda."* (p. 118). E continua: "*Existe uma única lei que, pela sua natureza, exige consentimento unânime - é o pacto social, por ser a associação civil o mais voluntário dos atos deste mundo. Todo homem, tendo nascido livre e senhor de si mesmo, ninguém pode, a qualquer pretexto imaginável, sujeitá-lo sem o seu consentimento. Afirmar que um filho de escravo nasce escravo, é afirmar que não nasce homem... Fora desse contrato primitivo, e em conseqüência do próprio contrato, o voto dos mais numerosos sempre obriga os demais. Pergunta-se, porém, como o homem poder ser livre, e forçado a conformar-se com vontades que não a sua. Como os opositores serão livres e submetidos a leis que não consentiram?... Respondo que a questão está mal proposta. O cidadão consente todas as leis, mesmo as aprovadas contra sua vontade e até aquelas que o punem quando ousa violar uma delas. A vontade constante de todos os membros do Estado é a vontade geral: por ela é que são cidadãos e livres. Quando se propõe uma lei na assembléia do povo, o que se lhes pergunta não é precisamente se aprovam ou rejeitam a proposta, mas se estão ou não de acordo com a vontade geral que é a deles.*" (p. 120).

Finalizando este trabalho, há o objetivo de qualificar a obra no propósito de fixar bases para a formação do Estado moderno, o que, inclusive, Rousseau propõe, com clara distinção entre Estado e religião, mostrando que um não deve interferir no outro, ou seja, "*Atualmente, quando não existe mais e não pode mais existir qualquer religião nacional exclusiva, devem-se tolerar todas aquelas que toleram as demais, contanto que seus dogmas em nada contrariem os deveres do cidadão. Mas, quem quer que diga: Fora da Igreja não há salvação - deve ser excluído do Estado a menos que o Estado seja a Igreja, e o príncipe, o pontífice. Tal dogma só serve para um Governo teocrático; em qualquer outro é pernicioso.*" (p. 145).

1.4. *O PRÍNCIPE*, DE NICCOLÒ MACHIAVELLI

O Príncipe, de Nicolau Maquiavel, comentado por Napoleão Bonaparte, trad. Edson Bini e Márcio Pugliesi, Hemus, 1997.

Esta obra,[24] de Niccolò Machiavelli, foi produzida no exílio, em meio a toda agitação política de seu tempo, causada por grandes Estados, como Milão, Veneza, o Papado, Florença e Nápoles. E, em meio às confusões existentes, Maquiavel participava ativamente nos acordos com as cortes estrangeiras e mesmo durante os quinze anos de exílio, a política sempre foi sua dominante.

Neste trabalho, são retratados os assuntos políticos da época e a sistematização que Maquiavel tinha com seu amigo Vettori, e com toda a experiência que tivera em sua vida.

Apesar deste livro ser dirigido aos governantes, é perfeitamente aplicado ao homem do povo, para assim, aplicar-se a uma organização, pois é uma colocação sobre as verdadeiras intenções de um governante ambicioso.

Do inicio ao fim do livro, podemos notar o diferente posicionamento, as hesitações e decisões ditadas pela força.

Um outro dado bastante constante em sua época é a relação existente entre a política e a religião, onde as teorias medievais eram teocráticas, enquanto com o renascimento procura-se evitar a idéia de que o poder seria uma graça ou um favor divino.

24. Obra também editada na Série Clássicos Edipro, trad. Lívio Xavier.

Entretanto, embora ignorem a teocracia, não podem negar a idéia cristã, ou seja, "*o poder político só é legítimo se for justo, e só será justo se estiver de acordo com a vontade de Deus*".

E é por esse lado, com relação ao pensamento político e teocrático que a obra de Maquiavel é destruidora e revolucionária. O poder maquiavélico refere-se a um poder que age secretamente, onde mantém suas intenções e finalidades desconhecidas, onde utilizam-se meios imorais, agressivos e perversos para atingirem seus objetivos.

Suas teorias eram formuladas com a experiência normal de seu tempo, pois viu muitas lutas, ascensão e queda de grandes cidades. A concepção dessas experiências conduziu a idéia de que uma nova sociedade tornara-se necessária. Seu pensamento político oferece novas respostas, onde alguns pontos são:

1º) não admite um fundamento interior à política,

2º) não aceita a idéia da comunidade constituída para o bem comum e a justiça;

3º) recusa a figura do bom governo encarnada no príncipe portador de virtudes morais;

4º) não aceita a divisão clássica monarquia/aristocracia/democracia e suas formas corruptas. Para Maquiavel, o critério para avaliação de um líder, é a liberdade.

Para muitos essa obra é considerada uma idéia lunática, atéia e satânica, pois a idéia de que a finalidade da política é a tomada e conservação do poder e que este não provém de Deus, e nem de uma ordem natural feita de hierarquias fixas, exigiu que os governantes justificassem a ocupação do poder assumido.

O "desenrolar" desta complicadíssima obra é o seguinte:

Segundo Maquiavel, todos os Estados que existiram ou existem são repúblicas ou principados, hereditários ou novos, estes conquistados ou recebidos.

Procura demonstrar como eles podem ser governados e preservados através dos atos dos antecessores mediante a contemporização ou pela retomada.

Os Estados conquistados, para que sejam suscetíveis a dominação, não podem ter suas leis e impostos modificados, nem a presença da linguagem do antigo príncipe. Um recurso útil é ir o príncipe habitá-lo, para tornar-se acessível ao povo em casos amistosos, ficando assim próximo para ser amado ou odiado, conforme o caso.

Há dois modos de se governar: um príncipe auxiliado por ministros que no governo são apenas servos e a concessão a senhores e barões, que por tradição de sangue, possuem a qualidade de comando.

Quando os Estados são conquistados, sua posse pode ser conservada mediante três modos:

1º) arruinando-os;

2º) habitando-os;

3º) deixando que vivam conforme suas leis, arrecadando um tributo e criando um governo de poucos.

Um homem prudente deve escolher os trilhos já percorridos por outros homens, pois mesmo numa imitação falha, há muita coisa para ser aproveitada.

Os que, pela virtude, antes se fazem príncipes, conquistam com dificuldade, mas com facilidade a conservam, atendendo a máxima de que todos os profetas armados vencem, ao passo que os desarmados fracassam. Contudo, há duas formas de tomar-se um príncipe: atingir o principado pela maldade ou pelo favor dos conterrâneos. Quem se torna príncipe pelo voto popular precisa manter-se amigo do povo, quem se o torna de outra forma precisa conquistar-lhe a amizade.

Os principados eclesiásticos são mais difíceis de serem conquistados, pois são pelo mérito ou pela fortuna, sustentados na rotina da religião. As principais bases que os Estados possuem: novos ou velhos, mistos ou não, são boas leis e bons princípios. Não existem boas leis onde não existam boas armas. As mercenárias e auxiliares são inúteis ou perigosas. Os príncipes de prudência repeliram sempre tais forças, antes perder com as suas que vencer auxiliados por outros.

Deve o príncipe não ter outra finalidade nem outro pensamento, senão a guerra, seu regulamento e disciplina, pois é a única arte que se atribui a quem comanda.

O príncipe deve evitar a fama de avarento, que à custa dos outros se mantém; deve querer ser considerado piedoso e não cruel, deve empregar de modo conveniente esta piedade. É muito mais seguro ser temido que amado. Contudo, sem exceder-se, para não despertar o ódio. Um príncipe e sobretudo um novo príncipe, não pode seguir todas as coisas a que são obrigados os homens tidos como bons, sendo muitas vezes, para conservar o seu Estado, obrigado a agir contra a caridade, a fé, a humildade e a religião. Ele precisa ter duas razões de receio: uma de origem interna, da parte de seus súditos, outra de origem externa, da parte dos de fora. Não deve temer as conspirações se, é querido do povo, porém se este é seu inimigo e o odeia, deve temer a tudo e a todos.

É prudente não desarmar os seus súditos, mas armá-los, para que o defendam, exceto quando se trata de um Estado novo, recém conquistado. Quanto às fortalezas, são boas ou não, conforme as circunstâncias, mas a melhor fortaleza é não ser odiado pelo povo.

Deve um príncipe mostrar-se amante das virtudes e honrar aqueles que se destacam numa arte qualquer, pois está sob observação dos homens que estão ao seu redor; já o ministro será bom se não pensar em si mesmo, mas no príncipe. Os conselhos, venham de onde vierem, nascem da prudência do príncipe, e não a prudência do príncipe de bons conselhos.

Pensa-se, naturalmente que as coisas do mundo são dirigidas pela fortuna e por Deus, de modo que a prudência não as corrige nem remedia.

Por outro lado, a doutrina de Maquiavel suscitou a reação do antimaquiavelismo político, consistente na necessidade de conciliação entre a norma política e a moral.

BIBLIOGRAFIA

AMADO, Gilberto, *Perfis Parlamentares,* Brasília, Câmara dos Deputados, 1979.

AMARAL, Roberto. *Introdução ao Estudo do Estado e do Direito,* Rio, Forense, 1986.

ARANHA, Maria Lúcia de Arruda. *Introdução à Filosofia*, Moderna, São Paulo, 1987.

ARISTÓTELES, *A Política*, Série Clássicos Edipro, Bauru, SP, 1995, trad. de Nestor Silveira Chaves.

AZAMBUJA, Darcy. *Teoria Geral do Estado*, Globo, RS, 1972.

BACON, Francis. *Novum Organum*, Nova Cultural, Os Pensadores, 1984, trad. de José Aluysio Reis de Andrade.

-----. *Ensayos sobre Moral e Política*, Editorial Lautaro, Buenos Aires, trad. Arcadio Roda Rivas.

BASTOS, Celso Ribeiro. *Curso de Teoria do Estado e Ciência Política*, Saraiva, São Paulo.

BENEVIDES, Roberto. *Textos Políticos da História do Brasil*, Universidade de Brasília, 1996.

BENFICA, Francisco Vani. *Curso de Teoria do Estado*, Forense, São Paulo, 1984.

BOBBIO, Norberto. *Sociedade e Estado*, Brasiliense, São Paulo, 1991.

CARDOSO, Fernando Henrique. *Um Modelo Politico-Institucional. Comunicação e Política,* Rio de Janeiro, 1988.

CERRONI, Umberto. *Política*, Brasiliense, São Paulo, 1993.

CONRAD, Robert. *The Destruction of Brazilian Slavery (1850-1888),* University of California Press, Berkeley-Los Angeles-London, 1972

COULANGES, Fustel de. *A Cidade Antiga*, Série Clássicos Edipro, Bauru, SP, 1999, trad. Edson Bini.

DALLARI, Dalmo de Abreu, *in Teoria Geral do Estado.*

DECLARAÇÃO Universal dos Direitos Humanos - Declaração Universal - Estatuto da Corte Internacional de Justiça - Carta da OEA - Dos Direitos e Garantias Fundamentais CF/88. Série Clássicos Edipro, Bauru, SP, 1993.

DENYS, Odylio. *Ciclo Revolucionário,* Rio de Janeiro, Nova Fronteira, s.d.

FERREIRA, Wolgran Junqueira. *Direitos e Garantias Individuais - Comentários ao Artigo 5º da Constituição Federal*, Edipro, Bauru, SP, 1997.

HAMURABI, *Código de - Código de Manu, Lei das XII Tábuas*, Série Clássicos Edipro, Bauru, SP, 1994.

HARNEKER, Marta. *Os Conceitos Elementares do Materialismo Histórico*, Global, São Paulo, 1990.

HEERS, Jacques, *História Medieval*, Difel, SP, 1974.

HOBBES, Thomas. *Leviatã*, Nova Cultural, São Paulo, Coleção Os Pensadores, 2ª ed., 1979, trad. de João Paulo Monteiro e Maria Beatriz Nizza da Silva.

HOUAISS, Antônio. *A Crise de Nossa Língua de Cultura,* Rio de Janeiro, Tempo Brasileiro, 1983

-----. *O Português no Brasil,* Rio de Janeiro, Unibrade-Unesco, 1985

KEITH, Henry H., e EDWARDS, S. F. *Conflito e Continuidade na Sociedade Brasileira,* Rio de Janeiro, Civilização Brasileira, 1970.

LOCKE, John. *Traité du Gouvernement Civil*, Flammarion, Paris, trad. David Mazel.

MAQUIAVEL, Nicolau. *Escritos Políticos*, Série Clássicos Edipro, Bauru, SP, 1995, trad. de Lívio Xavier.

-----. *O Príncipe*, Série Clássicos Edipro, Bauru, SP, 2ª ed., 1999, trad. de Lívio Xavier.

-----. *Comentários à Primeira Década de Tito Lívio*, UnB, Brasília, 1994.

MARX, Karl e ENGELS, Friedrich. *Manifesto do Partido Comunista*, edição comemorativa dos 150 anos, Série Clássicos Edipro, Bauru, 1998, trad. Equipe Edições Progresso, Moscou.

MARX, Karl. *O Capital*, edição condensada e traduzida por Gabriel Deville, Série Clássicos Edipro, Bauru, 1998.

-----. *Textos Escolhidos*, São Paulo, Nova Cultural, 1987, Coleção Os Pensadores.

MONTESQUIEU, Charles-Louis de Secondat. *Do Espírito das Leis*, Série Clássicos Edipro, Bauru, SP, 2000, trad. de Edson Bini.

PENNA, Lincoln de Abreu. *Uma História da República,* Rio de Janeiro, Nova Fronteira, 1949.

PERNOUD, Regine. *As Origens da Burguesia*, Lisboa, Europa-América, 1998.

PLATÃO. *A República*, Série Clássicos Edipro, Bauru, SP, 1994, trad. de Albertino Pinheiro.

RODRIGUES, José Honório. *A Pesquisa Histórica no Brasil,* São Pauto, Nacional, 1982.

ROUSSEAU, Jean-Jacques. *Discurso Sobre a Origem e os Fundamentos da Desigualdade entre os Homens*, Nova Cultural, São Paulo, Coleção Os Pensadores, 1978, trad. de Lourdes Santos Machado.

-----. *Do Contrato Social - Princípios do Direito Político*, Série Clássicos Edipro, Bauru, SP, 2000, trad. de Edson Bini.

-----. *Emílio*, Martins Fontes, São Paulo.

SCARTEZINI, A. C. *Segredos de Médici,* São Paulo, Marco Zero, 1985.

SKIDMORE, Thomas E. *Preto no Branco,* Rio de Janeiro, Paz e Terra, 1976.

TINOCO, Brígido. *Fundamentos Históricos do Direito Social,* Rio de Janeiro, *A Noite*, 1955.

Impressão e acabamento:
GRÁFICA PAYM
Tel. (011) 4392-3344